DEMMLER VERLAG

Elvira Grudzielski

Sinnliche Rezepte für schöne Stunden

Verführerische Früchte, Gemüse, Kräuter & Gewürze

DEMMLER VERLAG

Bildnachweis:
Elvira Grudzielski, S. 6, 10, 13, 15, 16, 19, 20, 21, 22, 25, 26, 27, 28, 30, 34-37, 39, 41, 43, 47/48, 52/53, 55/56, 60, 66, 68, 71, 77, 80, 81, 83, 85, 91, 94, 99, 102/103, 111, 112, 116, 120

Titelfoto: Elvira Grudzielski
Rücktitelfoto groß: Petersilienernte, Lithographie 16. Jh.
Rücktitelfotos klein: Elvira Grudzielski
S. 2 Basilikum, Buchmalerei aus dem 14. Jh.

Hinweis: Allergiker müssen entsprechend ihren Erfahrungen mit allergischen Reaktionen auf die Verwendung von entsprechenden Nahrungsmitteln achten. Autorin und Verlag übernehmen keinerlei Haftung!

© 2014 DEMMLER VERLAG GmbH
An der Bäderstraße 7c
18311 Ribnitz-Damgarten
Tel.: 03821 / 706397
Fax.: 03821 / 708876
info@demmlerverlag.de
www.demmlerverlag.de

Grafische Gestaltung: Matthias Krempien, Grafikdesigner (HBFS)
Satz und Layout: Matthias Krempien, Grafikdesigner (HBFS)
Druck und Verarbeitung: DZA Druckerei zu Altenburg GmbH, Altenburg

ISBN 978-3-944102-04-7

Zum Geleit

Die Natur bietet zahlreiche Früchte, Gemüsesorten, Gewürze und Kräuter, die eine erotisierende Wirkung haben.

Wer kennt nicht Aphrodite, die Liebesgöttin? Von ihrem Namen wurde das Wort Aphrodisiakum abgeleitet, denn Aphrodite verstand es, mit besonderen Gewürzzutaten und aphrodisierenden Früchten, Gemüsen, Fisch und Kräutern die Liebe anregende Speisen zu kreieren und bei wahren kulinarischen Festen ihre Gäste mit allen Sinnen zu verführen.

Zahlreiche Dichter von Casanova bis Goethe und darüber hinaus haben sich in vielen ihrer Werke dieses Themas angenommen und ihre persönlichen Speisezettel mit speziellen erotisierenden Gerichten zusammengestellt.
Bereits im 17. Jahrhundert gab es die ersten wissenschaftlichen Bücher über aphrodisierende Liebesgetränke und Speisen.

Seit Jahrtausenden ist in der Natur eine Vielfalt an Pflanzen vorhanden, die für anregende Speisen und Getränke genutzt werden kann. Sei es für die Zubereitung von verführerischen Speisen, Desserts und Getränken, um die Stimmung und Potenz für bestimmte Stunden der Zweisamkeit anzuregen, zu steigern und oftmals auch nur, um ein angenehmes Wohlbefinden und einen Gleichklang zwischen Körper, Geist und Seele zu erreichen. Die Naturgaben waren und sind das natürliche „Viagra" unserer Vorfahren bis in unser Zeitalter hinein. Ein Jeder kann seine Ernährung umstellen – vorausgesetzt es liegen keine schwerwiegenden Erkrankungen vor – um über die natürliche Nahrungskette einen zusätzlichen Lebens- und Lustgewinn zu erfahren.

Schließlich gibt es nichts Schöneres, als seine Liebste oder seinen Liebsten bei einem kleinen Candlelightdinner oder generell mit ausgewählten, erlesenen kulinarischen Extras aus der Liebes- und Lustküche zu verwöhnen. Dabei können es kleine Snacks mit diversen Früchten sein oder größere Gerichte mit aromatischen Kräutern und Gewürzen, genüssliche Weine oder auch nur ein Gläschen Sekt, serviert mit sinnlichen und verführerischen Früchten wie Erdbeeren oder Ananas. Den eigenen Phantasien sind keine Grenzen gesetzt. Hauptsache man kennt sich ein wenig mit der Vielfalt des Gemüses, der Früchte, der Kräuter und Gewürze für die sinnlichen Gaumenfreuden aus.

Im vorliegenden Buch werden einige der wichtigsten aphrodisierenden Früchte, Gemüsesorten und Kräuter vorgestellt und mit über 60 Rezepten Anregungen zum Ausprobieren gegeben.

Die Liebe – so sagt es ein altes Sprichwort – geht ja bekanntlich durch den Magen...

Elvira Grudzielski, Frühjahr 2014

Die Liebesgöttin Aphrodite, Ausschnitt aus dem Gemälde von Sandro Botticelli (1444–1510)

Früchte

Zahlreiche Früchte, ob einheimische, Süd- und exotische Früchte haben schon allein durch ihre Form, ihre Farbe und ihren Duft eine erotisierende Ausstrahlungskraft. Man denke nur an die rote und verlockende Erdbeere, an die Banane oder an die süße Frucht der Ananas.

Ananas

„Ananas du süße goldene Frucht, machst gesund und bringst die Lust."

Die eigentliche Heimat der Ananas ist das tropische Südamerika. Seit Jahrtausenden wurde die frisch verwendete Ananas in den dort lebenden Kulturen als spezielle Medizin bei zahlreichen Krankheiten erfolgreich verwendet.

Die Ananas wird heute weltweit in fast allen tropischen und subtropischen Gebieten angebaut.

Die Ananas gilt seit ewigen Zeiten als die „Königin der Südfrüchte". Nicht nur wegen ihres imposanten optischen Erscheinungsbildes und ihrem unverkennbar leckerem süßen Geschmack, sondern auch wegen ihrer besonderen gesundheitsfördernden Inhaltsstoffe. Sie enthält Eisen, Jod, Kalzium, Kalium, Mangan, Magnesium, Zink und Phosphor – also wertvolle Mineralstoffe –, die unser Körper benötigt, um damit die Funktionen der einzelnen Organe zu bedienen.

In der heutigen Zeit wird durch wissenschaftliche Studien belegt, dass die Frucht durch ihre Verdauungsenzyme Bromelain und Papain die Krebszellen (Darm und Brustkrebs) stoppen und begleitend bei Therapien eingesetzt werden kann.

Die exotische Ananas hilft bei der Heilung zahlreicher Krankheiten, reguliert den Stoffwechsel, unterstützt das Abnehmen, spendet wertvolle Vitamine und gilt als ein ganz besonderer Stimmungsaufheller.

Markt in Panama mit zahlreichen Ananasfrüchten
Bild re: *Ananasfeld in Australien*

Dem in ihr enthaltenen ureigenem Vanillin und Serotonin werden eine euphorisierende und erotisierende Wirkung zugeschrieben. Sie sorgen gewissermaßen bei Männern und Frauen für gute Laune, lustvolle Aktionen und geben uns gute Gefühle.

Die aromatisch anregende Ananas zählt zu den Spitzenreitern in der Liebesküche. Unzählige Varianten von interessanten Zubereitungen mit der verführerischen Ananas stehen in hunderten von Kochbüchern.

Ananas regt intensiv alle Lebensgeister an und verleiht große Glücksgefühle. In der Liebesküche ist sie die heimliche und anregende Komplizin für Körper, Geist und Seele.

Exotische Putensteaks mit Ananas
„Ein deftiges und verführerisches Gericht"

Zutaten (für 2 Personen):
2 große Putensteaks
3 EL Mehl
1TL Butter oder Öl
Salz
Bunter Pfeffer
1 Dose Ananas
1 kl. Zimtstange
1 TL Stärke

Sie nehmen zwei größere Putensteaks oder mehrere kleine Stücke nach Bedarf. Die Steaks von beiden Seiten mit etwas Salz (je nach Geschmack) würzen und anschließend leicht in Mehl wenden, damit die Steaks beim Braten eine leicht braune Farbe erhalten. In eine Bratpfanne etwas Butter oder ein gutes Öl geben, erhitzen und anschließend die Steaks in die Pfanne legen, sodass sich die Fleischporen schnell schließen. Bei mäßiger Hitze die Putensteaks kurz (5 bis 8 Minuten) von beiden Seiten brutzeln lassen. Die fertigen Steaks aus der Pfanne nehmen und auf die vorbereiteten Teller legen, mit buntem Pfeffer würzen und mit feinster warmer Ananasmarinade* leicht über- oder umgießen und mit den goldgelben Ananasscheiben bedecken. Den Tellerrand mit Rosenblüten, Kapuzinerkresse oder dem, was die Natur gerade bietet, dekorieren. Als Beigabe ein neutrales Baguette oder Reis geben. Wer Curry oder Kurkuma mag (nach eigenem Geschmack), kann den Reis mit diesen Gewürzen verfeinern.

Es wird handelsübliches Ananaskompott (Scheiben) verarbeitet.
Die Scheiben werden aus dem Saft
genommen und diese in einen Topf
gelegt. Eine kleine Tasse oder ein
Glas bis zur Hälfte mit kaltem Wasser
füllen und 1 TL Stärke dazu geben,
anschließend mit einem Quirl verrühren und in den Saft gießen. Eine
kleine (1 cm) Zimtstange mit dazu
geben. Alles zusammen unter leich-
tem Rühren auf dem Herd erhitzen,
bis der Saft sich verdickt. Danach
den Topf vom Herd nehmen und in
den heißen, angedickten Saft die
Ananasscheiben bis zur Weiterver-
arbeitung einlegen.

*Marinade mit Ananassaft
(wird im Vorfeld zubereitet)

Zutaten:
Ananaskompott
1 Tl Stärke
1 kleine Zimtstange

Tipp: Für das Rezept eignet sich
hervorragend auch Hühnerfleisch
von Brust und Keulen.

Ananas-Cocktail mit Alkohol

„Für verführerische und sinnliche Stunden"

Zutaten (für 2–4 Personen):
6 cl Ananassaft
4 cl Bananensaft
4 cl Maracujanektar
2 cl Aprikosensaft
2 cl Erdbeersirup
2 cl Batida de Coco
2 cl Wodka
1 EL süße Sahne
5 frische Erdbeeren
5 kleine Stückchen Ananas

Alles zusammen in einen Cocktail Shaker geben und kräftig eine Minute schütteln.

Den fertigen Cocktail in die Gläser füllen, in welche vorher ein paar Eiswürfel gegeben werden. Den Glasrand mit den roten Erdbeeren und den Ananasstücken dekorieren. Die vitaminreichen Früchte geben dem sinnlichen Drink einen richtigen Energieschub. Außerdem sorgt der Alkohol zusätzlich für die nötige Stimulans, um in manch romantischer Stunde vielleicht eine gewisse Lockerheit zu erreichen.

Aber Achtung nicht zu viel von dem leckeren Getränk genießen, denn dann kann so manches Liebesabenteuer ins Gegenteil umschlagen.

Apfel

„Baum des Lebens, der Erkenntnis, Verführung und Sündhaftigkeit"

Sommer-, Herbst- und Winteräpfel gehören seit Menschengedenken zu jeder Jahreszeit in unsere Küche. Als frische Frucht, in Form von Saft, Tee, Most, Wein, Kompott, Trockenobst oder gebraten (Bratapfel) bereichert der Apfel als äußerst gesunde Frucht die Speisekarte.

Sicher kennt jeder die Redensart *„Ein Apfel pro Tag, mit dem Doktor keine Plag"*, denn der Apfel gehört nach wie vor mit zu den ältesten Naturheil- und Lebensmitteln. Frisch gegessen, liefert er das nötige Vitamin A, B und C. Des Weiteren enthält der Apfel Vitamin E, Spurenelemente und Mineralstoffe wie Eisen, Kalzium, Kalium, Kupfer, Natrium und Mangan. Dabei sollte immer die abgewaschene Schale mit gegessen werden, weil in ihr der höchste Anteil von Vitamin C steckt. Durch amerikanische Studien wurde festgestellt, dass zwei Äpfel pro Tag das Herzinfarktrisiko verringern. Mit dem Genuss von Äpfeln wird auch das Cholesterin abgebaut. Äpfel auf dem täglichen Speisezettel verlängern das Lebensalter, wer möchte nicht am liebsten gesund und alt werden wie ein Baum.

Die Liste über die Gesundheit bringenden Eigenschaften des Apfels ist sehr lang und viel zu wenig bekannt. Dabei steht der Apfel seit Jahrtausenden als Symbol in vielen Kulturen für die Erde, sicher auch durch seine Form. Bei den Kelten stand die Symbolkraft des Apfels für die Vergänglichkeit und Wiedergeburt. Iduna, die Göttin der Germanen, wachte über die goldenen Äpfel, denn wer davon aß, erhielt die ewige Jugend.

Martin Luther schrieb *„Wenn morgen die Welt unterginge, würde ich heute noch ein Apfelbäumchen pflanzen."*

Viele andere zahlreiche interessante Geschichten ranken sich um den sinnlichen Apfel. Spirituell zählt der Apfelbaum unbedingt zu den Orakelbäumen, unter denen auch manchmal die Hexen tanzten.

Und wer kennt nicht die biblische Geschichte von Adam und Eva, in der Eva ihrem Adam einen Apfel – allerdings war dies ein Granatapfel – reichte. Bei den Griechen gilt der Granatapfel als Liebesfrucht und als Lieblingsbaum von Aphrodite. Bei der ersten Olympiade (776 v. Chr.) bekamen die Sieger als ersten Preis einen Apfel gereicht.

Der Apfel wurde Sinnbild für Verführung, Versuchung, Erotik und Liebe. Sinnbildlich stand der Apfel immer für das weibliche Geschlecht, und selbst der Po von Frauen wird mit Äpfeln oder Birnen verglichen.

In vielen Bräuchen, verbunden mit dem Volksglauben, wurde der Apfel für die unterschiedlichsten Anlässe zwischen Frau und Mann verwendet. So gab es zum Beispiel Brautäpfel. Jungfrauen sollten keine Doppeläpfel (Doppeläpfel sind zusammengewachsene Äpfel) essen, sonst bekämen sie Zwillingsgeburten und vieles mehr.

In den Küchen der verschiedensten Kulturen wurden und werden zahlreiche Apfelgerichte zubereitet, um nachhaltig die Lust und Fröhlichkeit bei den unterschiedlichsten Festen zu steigern.

In China und Japan kündigen Apfel-
blüten den Frühling an und symboli-
sieren die Schönheit der Frauen.

Goethe umschreibt in seinem Ge-
dicht die Brust der Frau als Apfel
und die damit verbundenen Sehn-
süchte der Männer:

Einst hatte ich einen
schönen Traum,
Da sah ich einen Apfelbaum.
Zwei schöne Äpfel glänzten dran,
Sie reizten mich, ich stieg hinan.

Der Äpfelchen begehrt Ihr sehr,
und schon vom Paradiese her,
von Freuden fühl ich bewegt,
dass auch mein Garten solche trägt.
(Gretchen)

Johann Wolfgang v. Goethe, Faust

Apfel

Apfelsoße
„Himmlisch gut passend zu
jeder Jahreszeit"

Zutaten:
$1/2$ kg Äpfel
100 g Butter
1 TL Mehl
1 TL Zucker
1 TL Vanillezucker
Etwas Zitrone
Salz
Fleischbrühe
1 Becher saure Sahne

In eine Pfanne 100 g Butter geben und schmelzen. Die in kleine Stücke geschnittenen Äpfel dazu geben und weich dünsten lassen, ein wenig Mehl langsam mit einem Löffel darüber streuen und unterrühren. Mit der vorbereiteten Fleischbrühe auffüllen, einen Spritzer Zitronensaft, eine Prise Salz, etwas Zucker (wer es mag, kann auch etwas Vanillezucker nehmen) hinzu geben, zum Schluss die saure Sahne darunter rühren. Die Soße kann auch mit einem Gläschen Wein zusätzlich verfeinert werden.

Tipp: Die schmackhafte Apfelsoße passt sehr gut zu Geflügelgerichten (Enten-, Hühnchen- und Putenbrust) mit Reis jeglicher Art und generell als Beilage für süße Speisevariationen. Auch als aromatische fruchtige Sauce ist sie für einen leckeren Nachtisch zu empfehlen.

Die Früchte entkernen, in schmale Scheiben schneiden und in das Gefäß zum Dünsten geben. Mit der entsprechenden Menge Wasser und Weißwein übergießen, den Puderzucker und dann die weiche Butter darüber verteilen, die abgeriebene Schale einer Zitrone dazu geben und alles weich dünsten. Anschließend alles durch ein größeres Sieb passieren. Zu dem fertigen dicken Fruchtbrei noch etwas Zucker nach Geschmack geben und in einer feuerfesten Auflaufform abkühlen lassen.

Obstauflauf mit Äpfeln

„Lecker und leichter kulinarischer Hochgenuss"

Zutaten (für 4 Personen):

700 g Äpfel
300 g Pfirsiche oder Birnen
0,1 l Wasser
0,1 l Weißwein
100 g Puderzucker
70 g Butter
1 Zitrone
8 Eier

Apfel

In der Zwischenzeit von den Eiern das Eiweiß in ein anderes Gefäß trennen. Das Eiweiß mit einem Schneebesen aufschlagen und vorsichtig unter den abgekühlten Brei heben. Langsam in der Röhre goldgelb aufbacken. Zum Schluss mit etwas Zucker und auch ein wenig mit dem stimulierenden Zimt bestreuen. Etwas abgekühlt, ist der leckere und leichte Apfelschmaus zu jeder Zeit ein kulinarischer Hochgenuss.

Gefüllte Äpfel
„Sie schmecken nach mehr..."

Zutaten (pro Apfel):
Äpfel (Anzahl nach Bedarf)
$^1/_2$ TL Butter
$^1/_2$ St. Würfelzucker
Zitronenwasser oder Rotwein
1 El Aprikosenmarmelade
1 Prise Zimt
1 Prise Kardamom

Die Äpfel schälen, am Blütenansatz eine kleine Vertiefung heraus schneiden und auf ein eingefettetes Kuchenblech stellen.

In die Vertiefung $^1/_2$ Stück Würfelzucker geben, welches vorher in Zitronenwasser oder Rotwein getränkt wurde. Darüber noch einen $^1/_2$ TL Butter. Alles ca. eine $^1/_2$ Stunde bei schwacher Hitze backen. Danach das Blech aus dem Ofen nehmen und zusätzlich in die Apfelöffnung 1 EL Aprikosenmarmelade oder eine andere Marmelade nach eigenem Geschmack geben.

Wer Gewürze mag, kann noch etwas Zimt oder Kardamom darüber streuen, was zusätzlich nach dem Verzehr wohltuende Gefühle bereitet. Anschließend den leichten Apfelgenuss noch einmal für 10 Minuten in den Ofen schieben.

Danach den schmackhaften Apfel auf einen Teller geben, um den heißen Apfel eine kalte Schokoladen- oder Vanillesauce gießen, alles mit etwas Minze oder Melisse auf dem Teller verzieren und dann servieren.

Liebescocktail mit Apfel
„Ein besonders erotisierender Drink"

Zutaten (für 2–4 Personen):
200 ml Apfelsaft
100 ml Ananassaft
1 pürierte Banane
1 Schuss Zitronensaft
$^1/_2$ Schnapsgläschen Pfefferminzlikör

Bild re: *Paradiesbaum, 15. Jh*

Alle gekühlten Säfte mit dem Likör gut durchrühren, in dekorative Cocktailgläser füllen, den passenden Trinkhalm dazu und fertig ist ein schneller Powertrunk für die Liebe. Alle in diesem Cocktail enthaltenen Früchte und Zutaten wirken besonders erotisierend.

Erdbeere
„Süße Verlockung und knallrote, sinnliche Verführung"

Die Erdbeere ist die erotischste Frucht unter allen anregenden Früchten. Sie hat eine lange Geschichte und wurde schon sehr früh zur Bereicherung der Speisen verwendet. Im Mittelalter waren es die Walderdbeeren, die zunächst angebaut wurden. Dann wurde die leuchtend rote Frucht kultiviert, durch Züchtungen immer weiter verfeinert bis zu den Erdbeersorten, wie wir sie heute kennen.

Die süße rote, verführerische Frucht ist der Liebling unter den Verführungsfrüchten. In der Fantasie (vorwiegend beim männlichen Geschlecht) erinnert sie an einen zuckersüßen roten Frauenmund.

Berühmte Dichter wie zum Beispiel Francois Villon schrieb: *„... ich bin so wild nach deinem Erdbeermund."*

Besonders in Verbindung mit Champagner steigern Erdbeeren die Ausschüttung von Sexualhormonen.

Die nordische Liebesgöttin Freya sorgte mit den verlockenden knallroten Früchten für die nötige verführerische Lust, für sinnliche Stunden in romantischer und erregender Spannung, für Verlockungen und Lebensfreude. Keine Hochzeit, generell keine Liebesküche ist vorstellbar ohne die genüssliche und erotisierend wirkende Erdbeere. Mit eigenen Variationen und Fantasien kann man seine ganz persönlichen Erdbeerstunden mit seiner oder seinem Liebsten gestalten.

Erdbeeren mit Champagner, Sekt oder Prosecco

„Stimmungsklassiker: Geht einfach, schnell und prickelt immer."

Zutaten:
1 Flasche Champagner, Sekt oder Prosecco
Erdbeeren nach Bedarf

Frische Erdbeeren unter kaltem fließenden Wasser abspülen und in eine Porzellan- oder Glasschale geben. Das Grün bis auf 3 oder 4 Früchte entfernen (sieht etwas dekorativer aus). Zu große Erdbeeren halbieren, um sie dann nach Bedarf in den Sekt zu geben. Das Licht einer schönen Kerze sorgt zusätzlich für eine romantische Stimmung.

Erdbeerbowle mit Holunderblüten

„Süß und erfrischend für kleine Feiern oder einen angenehmen Sommerabend"

Zutaten (für 4 Personen):

1 Büchse/Glas handelsüblicher Erdbeeren
500 g frische Erdbeeren
3 große frische Holunderblütendolden
1 Päckchen Vanillezucker und Zucker nach Bedarf
1 Flasche Weißwein

Die Erdbeeren kalt abspülen und halbieren. Die Holunderblütendolden kurz abspülen und die groben Stiele entfernen. Zusammen mit den anderen Zutaten in ein dekoratives Bowlegefäß füllen.

Die Bowle bleibt dann 3 Stunden an einem kühlen Platz stehen, bis sie durchgezogen ist. Kurz vor dem Servieren noch eine Flasche guten Sekt (trocken oder halbtrocken) dazu geben und fertig ist ein genüssliches und prickelndes Getränk.

Erdbeere

Die Erdbeeren kalt abwaschen, zerkleinern, zuckern und in vier weithalsige gekühlte Kelchgläser bis zu $\frac{3}{4}$ auffüllen. Die restlichen kühl gestellten Erdbeeren passieren, einen Schuss Zitronen- oder Limettensaft, etwas Weißwein und 1−2 Gläschen Apfelsinen- oder Aprikosenlikör (oder nach Geschmack) dazu geben. Alles noch einmal gut verrühren und in die vorbereiteten Gläser auf die Erdbeeren gießen. Um den Gaumenschmaus abzurunden, noch etwas Schlagsahne und zum Verzieren auf die Sahnespitze fürs Auge eine schöne große, rote Erdbeere setzen.

Genau so beliebt wie Erdbeeren sind in der Verführungsküche weitere Früchte mit aphrodisierenden oder ähnlich wirkenden Substanzen wie Granatapfel, Aprikosen, Bananen und Kokosnuss.

Bild re: *Zitronenbaum*

Erdbeeren mit köstlicher Obstcreme
„Für den genussvollen Augenblick"

Zutaten (für 4 Personen):
1 kg Erdbeeren
Zitronen oder Limettensaft
Weißwein
1−2 kl. Schnapsgläschen
Apfelsinen-, Aprikosenlikör oder ein anderer schmackhafter Likör
3 EL Zucker
Schlagsahne

Weintraube

„Vergeblich klopft, wer ohne Wein ist, an der Musen Pforte."
Aristoteles, 384–322 v. Chr., griechischer Philosoph

Weintrauben werden seit Jahrtausenden in den meisten Kulturen angebaut. Sie zählen zu den ältesten Kulturpflanzen überhaupt. Über 16000
verschiedene Rebsorten gibt es heute weltweit. Auf allen Kontinenten sind
die kleinen grünen, gelblichen, weinroten oder bläulich schimmernden
Trauben beliebt. Zu den Favoriten unter den Reben gehören die süßen
kernlosen Trauben.

Ihren Ursprung haben die Weintrauben in West- und Mittelasien. Sie gelangten durch die Römer einst nach Europa. So verwundert es auch nicht,
dass der Weingott Bacchus ein Römer ist.

Mit dem reichen Traubensegen wurden und werden in allen Weingegenden
zahlreiche Weinfeste von Jahr zu Jahr mit dem roten oder weißen Reben-
saft ausgiebig und zünftig gefeiert. Vorwiegend wurde und wird aus den
lieblichen Trauben Wein gekeltert und nur ein Zehntel der Früchte wird
als Obst verzehrt.

In zahlreichen Gedichten, Aphorismen und Liedern wird die gesunde kleine
runde, manchmal ovale Frucht, in höchsten Tönen gelobt.

Weltweit wachsen hervorragende Trauben und werden zu besonderen
Weinen, Schaumweinen und Champagner verarbeitet. Ganzjährig können
wir in der Küche die frischen Früchte vielseitig verwenden.

Obwohl die Trauben zu 80% aus Wasser bestehen, enthalten sie wertvolle Inhaltsstoffe. Sie sind reich an Vitamin B, Eisen, Kalzium, Kalium, Tannin und Magnesium und wirken generell antibakteriell. Durch den Farbstoff Polyphenol wirken sie positiv auf den gesamten Kreislauf, schützen und stärken das Herz.

So schrieb einst Plutarch:

> *„Der Wein ist unter den Getränken das nützlichste,*
> *unter den Arzneien die schmackhafteste, unter den*
> *Nahrungsmitteln das angenehmste."*

Auch getrocknet schmecken die Trauben, bekannt als Rosinen, verarbeitet in vielen Backwaren und Gerichten.

Das wertvolle Traubenkernöl wirkt gegen eine vorzeitige Hautalterung. Weintrauben sind absolut fettfrei und totale Energiespender durch ihren hohen Traubenzuckergehalt (Glukose), weshalb Diabetiker beim Verzehr vorsichtig sein sollten.

Weintrauben sind, als sinnliche Liebesfrüchte für den kleinen Snack so zwischendurch, bestens geeignet. Ihr Zucker geht direkt ins Blut und verleiht die nötige Energie und manchmal der Fantasie sogar Flügel. Die Trauben schmecken lieblich süß und verführen zu kleinen Spielereien bei so manchem Schäferstündchen.

Kein Buffet, keine Obstkuchen, Geflügelgerichte, Obstteller, Käseplatten, Fruchtspieße, Eisbecher, Desserts und Fruchtsäfte ohne die lieblichen Trauben.

Wer nicht liebt Wein, Weib und Gesang,
der bleibt ein Thor sein Leben lang.
Martin Luther, 1483–1546

Weintraube

Weinpflanzli

„Wein mal etwas anders"

Zutaten:
250 g Butter
6 Eier
1 Prise Salz
Zucker nach Geschmack
1 Zitrone (unbehandelt)
125 g Mehl
0,75 l gezuckerten Weißwein

Die Butter in einer Schüssel schaumig schlagen, die Eier, Salz und Zucker nach Bedarf dazu geben. Die Schale einer Zitrone abreiben, in das Mehl geben und zu den anderen Zutaten unterrühren.

Heiliger Wigbert/Kloster Priorat ST. Wigberti in Werningshausen

Eine Kuchen- oder Auflaufform mit Butter einstreichen, mit Semmelbröseln ausstreuen, dann den Teig in die Form füllen und eine $^1/_2$ Stunde langsam backen.

Danach die Form aus dem Ofen nehmen und in eine größere Form stürzen, den Weißwein darüber gießen und nochmals eine $^3/_4$ Stunde backen lassen.

Weinauflauf

„Geht einfach, ist süß und schmeckt lecker."

Zutaten:

100 g fein geriebene Semmeln
etwas Wein (rot oder weiß)
etwas Wasser
50 g ungeschälte, gemahlene
süße Mandeln oder Nüsse
(Achtung Allergiker!)
8 Eigelb /Eiweiß aufheben
100 g Puderzucker
5 Eiweiß
100 g Butter

Die Semmelbrösel in einer Pfanne in etwas Butter goldgelb rösten. Zu gleichen Teilen etwas Wein und Wasser dazu rühren bis ein dicker Brei entsteht, ein wenig abkühlen lassen und die Mandeln/Nüsse dazu rühren. In einer Schüssel die warm gestellte Butter schaumig rühren und nacheinander die Eigelbe unterrühren, dann den Puderzucker und schließlich den Mandel- oder Nussbrei dazu geben. Zum Schluss das geschlagene Eiweiß langsam unterheben. In eine mit etwas Butter eingestrichene Auflaufform die fertige Masse geben und bei schwacher Hitze backen, bis der Auflauf goldbraun ist.

Blaue Weintrauben
„Eine würzige Mischung"

(Zum Raclette oder in einer feuerfesten Form verarbeiten.)
Achtung bei Walnussallergikern!

Zutaten (für 2−3 Personen):
400 g blaue kernlose Trauben
1 Bund Frühlingszwiebeln
1 EL Walnusskerne
frisch gemahlener schwarzer Pfeffer
1 Prise Salz
600 g Raclette Käse

In eine Schale die gewaschenen frischen, süßen und etwas größeren halbierten Trauben geben. Darüber die kleinen Stücke Walnusskerne streuen. Die abgewaschenen Frühlingszwiebeln schälen und in feine Ringe schneiden, mit Salz und Pfeffer würzen und alles schön durch mischen. Wenn ein Raclettegerät im Haushalt vorrätig ist, dieses vorheizen und da hinein die Traubenmischung geben. Ansonsten reicht dafür auch eine flache Auflaufform oder ein ähnliches Gefäß.

Vom Raclettekäse die Rinde dünn abtrennen und dann den Käse in 12−14 Scheiben schneiden und die Traubenmischung damit bedecken. Jetzt wird die Traubenmischung ca. 4 bis 5 Minuten erhitzt und solange im Ofen gelassen, bis der Käse eine leichte Bräune erhält. Die Portionen auf einen Teller geben und mit hellen oder dunklen Trauben garnieren und servieren.

Käseplatte mit Weintrauben

„Genüsslich, herzhaft und schnell zubereitet."

Zutaten (für 2–4 Personen):
800 g Käse mit 4 gemischten Käsesorten nach Geschmack
(Brie, Gorgonzola, Gruyere, Emmentaler, Camembert)
300 g blaue und 300 g grüne kernlose Weintrauben
5 EL kleingehackte Walnusskerne
Feigensenf oder auch Mango-Chutney (süß/sauer)

Den Käse auf eine dekorative Holz- oder Porzellanplatte mit den in kleine Zweige geschnittenen und gewaschenen Trauben legen, mit den Nüssen überstreuen und dazu ein Schälchen Feigensenf oder Mango-Chutney mit einem Löffelchen und einem Käsemesser legen. Ein dunkles Körner-Baguette oder Bauernbrot und ein kräftiger Rotwein geben dem aromatischen würzigen Essen den zusätzlichen Pfiff. Gut geeignet für ein Picknick.

Weintraube

Magischer Traubenwein
„Der sinnliche flüssige Verführer"

Zutaten:
1 l Rotwein (trocken oder halbtrocken)
3 EL Honig
$\frac{1}{2}$ TL Anis
$\frac{1}{2}$ TL Zimt
3–4 Gewürznelken

Eine $\frac{1}{2}$ Flasche vom erlesenen Rotwein in einen Topf gießen, alle Gewürze mit dem Honig dazu geben und 5 Minuten köcheln lassen. Vom Herd nehmen, kühl und abgedeckt bis zum nächsten Tag ziehen lassen, abseihen und danach den restlichen Wein dazu geben. In einer stilvollen Karaffe kann der köstliche Trunk anschließend kredenzt werden.

Durch die stimulierenden Gewürze wird der Wein zu einem wahren Aphrodisiakum. Dabei sorgen die Gewürznelken für eine gesunde Durchblutung, Zimt wirkt sexuell anregend, und in der Kombination mit dem Anis schaffen die Gewürze ein lustvolles Wohlbefinden.

Sein aromatischer Geschmack betört die Sinne und der süße Honig verfeinert als I-Tüpfelchen den besonderen Weingenuss. Ein Wein für die schönsten Augenblicke zu Zweit.

Gemüse

Artischocke

„Das Leben ist eine Artischocke, von der man langsam
Blatt für Blatt genießen soll." Montegazzas

Durch das imposante Aussehen der Artischocke und ihrer großen blauen Blüte wird diese besondere Distelpflanze auch als Blütengemüse bezeichnet. Ihr großer und lilafarbener Blütenstand wirkt wie eine prächtige und stachlige Blume.

Die Artischocke hat über die Jahrtausende eine lange Reise hinter sich. Es wird vermutet, dass dieses erotisierende Gemüse schon im ersten Jahrhundert nach Christus kultiviert und durch die Araber verbreitet wurde. Aus dem Mittelmeerraum gelangte die Artischocke schließlich über Persien nach Nordafrika und auf die Kanarischen Inseln. Anfang des 15. Jahrhunderts kam die Artischocke durch den florentinischen Händler Filippo Strozzi von Sizilien weiter nach Frankreich und Großbritannien. In Frankreich wurde sie vorwiegend in den Gärten des Landadels angebaut, wodurch gleichzeitig ein moderner Zeitgeist demonstriert wurde, denn nicht jeder konnte sich das sehr teure Gemüse leisten. Erst 400 Jahre später schaffte es die Artischocke als vitalisierendes Gemüse auch nach Amerika.

Zum Wachsen benötigt die große Distelpflanze viel Platz und wird heute in Ägypten, Argentinien, USA, Italien, Spanien und Frankreich angebaut.

Als Blütengemüse werden nur die geschlossenen Blütenköpfe verwendet. Diese können im Umfang von faustgroß bis zu einer mittleren Ballgröße reichen. Ihr Geschmack ist etwas herb bis leicht bitter.

Durch die verdauungsfördernden, appetitanregenden und cholesterinsenkenden Eigenschaften wird die Artischocke ebenfalls als Heilpflanze mit verabreicht. 2003 war sie zur Arzneipflanze des Jahres gekürt worden.

Die Inhaltsstoffe der Artischocke enthalten zum Beispiel den Bitterstoff Cynarin, Flavonoide und Chinasäurederivate. Diese regen unter anderem verstärkt die Arbeit von Leber und Galle an. Darüber hinaus enthält die Artischocke viel Vitamine A, B, C und bedeutende Mineralstoffe. Artischockenblätter werden auch für spezielle Tees, Säfte, Tinkturen und Trockenextrakte verwendet.

Weltweit wird die exotisch anmutende Pflanze für zahlreiche kulinarische Gerichte als besondere Delikatesse geschätzt und ihrem Ruf als äußerst aphrodisierendes Gemüse seit Jahrtausenden gerecht. In der Provence boten einst die Straßenverkäufer die Artischocken mit dem Satz: „sie erhitze Leib und Seele" an, weil man dem Blütengemüse schon immer eine stark aphrodisierende Wirkung nachsagte, was bei den vielfältigen Inhaltsstoffen nicht verwunderlich ist. Vielleicht liegt es aber auch mit an der Art und Weise, eine Artischocke zu essen. Denn es kann schon sehr erotisch und verführerisch aussehen, wenn mit den Fingern von der gekochten Pflanze Blatt für Blatt einzeln abgezogen wird, um dann endlich zum Herz der Artischocke zu gelangen, dann das zarte Fruchtfleisch, den eigentlichen Artischockengenuss mit allen Sinnen zu schmecken und zu genießen.

Artischocken gefüllt mit Schinken

„Ein verführerisches Gericht"

Zutaten (für 2 Personen):
8 junge Artischocken mit spitzen Blättern
100 g gekochten Schinken (keinen geräucherten)
60 g getrocknete Pilze
1 Zitrone
1 Bund Petersilie
2 TL Olivenöl
1 Prise Salz und Pfeffer

Von den frischen Artischocken zuerst die oberen, schuppenartigen Blätter entfernen, dann den starken Strunk abdrehen oder abschneiden und das so genannte „Heu" (Fasern) heraus schaben. In einen Topf etwas Wasser und Zitronensaft geben und sofort die Artischocken hineinlegen, denn die Zitrone verhindert eine Braunfärbung. Die getrockneten Pilze, die für ein paar Minuten im warmen Wasser aufgeweicht wurden, werden zusammen mit dem klein gewürfelten Schinken und der gehackten Petersilie in heißem Öl angebraten, mit Salz und Pfeffer gewürzt.

Nach kurzer Zeit die Füllung aus der Pfanne nehmen und in die Artischocken füllen. Das aufgefüllte, aromatische Gemüse erneut in eine Pfanne mit heißem Öl nebeneinander setzen, abgedeckt garen, bis sie weich genug sind. Ab und zu die Artischocken mit dem gegarten Wasser übergießen, damit diese nicht austrocknen. Das verführerische Artischockengericht auf einen dekorativen Teller mit mediterranem Weißbrot anrichten und mit einem gut gekühlten Weißwein servieren.

Pasta mit Artischocken

„Eine feine Delikatesse"

Zutaten:

400 g Nudeln (eine Packung z. B. Tagliatelle)
300 g Frischkäse
1 kl. Dose Tomatenmark
70 ml saure Sahne
1 Zwiebel
3 Zehen Knoblauch (kein Muss)
2 Dosen mit Artischockenherzen
1 Prise Pfeffer und Kräutersalz
2 TL Olivenöl

Die Nudeln wie üblich in einem Topf zubereiten. Die Artischockenherzen aus der Dose gießen und das Artischockenwasser auffangen. Die abgetropften Artischockenherzen mit einem Messer vierteln. Danach Zwiebeln und Knoblauchzehen klein hacken und alles in eine größere Pfanne mit heißem Olivenöl geben und leicht anbraten. Anschließend die Artischockenherzen mit in die Pfanne geben und alles leicht schmoren lassen.

Der Frischkäse, das Tomatenmark und die saure Sahne in das Artischockenwasser rühren, mit Pfeffer und Kräutersalz würzen und alles auf kleiner Flamme köcheln, bis die Zutaten eine cremige Soße ergeben. Bei Bedarf noch etwas Wasser dazu gießen, falls die Konsistenz zu dick ist. Die fertig abgegossene Pasta zu den Artischocken in die Pfanne geben, zum Schluss die Sauce darüber gießen und alle Zutaten gut mit einander vermengen und noch einmal kurz aufkochen lassen. Fertig ist diese kleine und feine Artischocken-Delikatesse, die mit einem leichten Weiß- oder Roséwein genossen werden kann.

Tipp: In südlichen Ländern gibt es unzählige Artischockengerichte. Das gesunde, würzige Blütengemüse gehört in diesen Kulturen mit auf den täglichen Speisezettel, ähnlich wie bei uns die Kartoffel. Die große Knospe kann gegart, gebraten in Suppen oder gefüllt mit diversen anderen Gemüsesorten und Früchten verarbeitet werden. Selbst die fleischigen Blätter, die von den Knospen nach dem Kochen gelöst werden, können mit einem leckeren Dip ausgezupft werden. Als Beilagen zu Artischockenspeisen sind Reis, Pasta, Kartoffeln, (aber auch Weißbrot) zu empfehlen.

Fenchel

„Der aromatische und würzige Muntermacher besonders für das männliche,
aber auch für das weibliche Geschlecht."

Als sehr aromatische Gewürz- und Heilpflanze ist der Fenchel seit der Antike eine feste Größe in den Küchen und Hausapotheken. Sogar in altägyptischen Grabkammern wurde Fenchel als Grabbeigabe gefunden. Fenchel ist als Helfer für die Naturapotheke über Jahrtausende bekannt. Seine Verwendungsvielfalt ist sehr breit gefächert.

Seine ursprünglichen Wurzeln hatte er im sonnigen warmen Mittelmeergebiet und Vorderasien, wo er richtig gedeihen konnte. Durch die Römer fasste der Fenchel Fuß in Mitteleuropa. Dank der zahlreichen Klöster wurde das gesunde Gemüse durch die Mönche in ihren Klostergärten auch in Mittel- und Nordeuropa angebaut und bekannt.

Alle Kräuterkundigen wie z. B. Hieronymus Bock (1539), Hildegard von Bingen und Sebastian Kneipp lobten die Gesundheit bringenden Eigenschaften des Fenchels. Aber auch als Zauberpflanze kam er zum Einsatz. Als Tausendsassa unter den aromatischen Gewürzpflanzen bekannt, war es nicht verwunderlich, dass auch Karl der Große die gesunde und würzige Knolle anbauen ließ und später sein Sohn Ludwig der Fromme von dem vorzüglichen Gemüse ebenfalls angetan war.

Dem Fenchel wird durch seine umfangreichen Inhaltsstoffe eine potenzsteigernde Wirkung nach gesagt. Deshalb findet er seinen festen Platz in der Liebesküche.

Bild li: *Fenchelpflanze*

Der Fenchel steht mit in der ersten Reihe unter den erotischen Pflanzen (besonders für Männer).

So beschreibt Plinius der Jüngere den Fenchel als eine Kraft und Mut machende und die Jugend verlängernde Pflanze:
„Er macht Begierde zum Essen, stärcket die leiblichen Geister und mehret den natürlichen Samen, richtet die hangenden Mannsruten wieder auf."

Fenchel regt die Lust an, bringt das Begehren und nimmt den Frust. Durch die im Fenchel enthaltene östrogenähnliche Substanz Estragol wird dem starken Geschlecht mehr Ausdauer verliehen und bei dem schwachen Geschlecht die sexuelle Lust gesteigert. Waren es doch die als verführerisch geltenden Italiener als erste Europäer, die seit dem 19. Jahrhundert den Knollenfenchel anbauten.

Fenchel prägte schon sehr früh die geschmackvolle italienische Küche. Ebenfalls hat er in vielen erotisierenden Getränken seinen Platz gefunden. Der Fenchel bereichert weltweit das kulinarische Speiseangebot mit seinem ganz speziellen Aroma.

An der Spitze unter den Fenchelarten steht der Gemüsefenchel, auch als florentinischer Fenchel bezeichnet. Hier werden hauptsächlich die Knolle und das frische Grün der Pflanze für diverse Saucen verarbeitet.

Für Tees oder andere Getränke wird eher der Fenchelsamen verwendet.

Fenchel Gratin

„Geht schnell und ist eine schmackhafte Delikatesse."

Zutaten (für 4 Personen):

1 größere Zwiebel
1 Fenchelknolle
1 TL Öl
1 EL Butter
1 EL Mehl
200 ml Milch
$1/_2$ Zitrone
1 Prise Muskat
1 Prise Pfeffer
1 Prise Salz
Parmesankäse
250 g Nudeln

Die Fenchelknolle reinigen und längs mit seinen grünen Blättern in Streifen schneiden. Die Butter in einen Topf schmelzen lassen und das Mehl langsam unterrühren (Mehlschwitze) bis es schön hellbraun ist. Dann langsam Milch und Zitronensaft sowie Muskat dazu geben und mit Salz und Pfeffer nach Bedarf würzen. Zwiebeln klein schneiden und mit dem Fenchel in einer anderen Pfanne mit etwas gutem Öl bis 5 Minuten dünsten lassen, ab und zu rühren oder wenden. Die gekochten, abgegossenen und vorbereiteten Nudeln in eine etwas eingefettete Auflaufform füllen, den Fenchel mit Zwiebeln über die Nudeln verteilen, die Sauce darüber gießen und zum Schluss mit genügend Parmesankäse bestreuen. Anschließend im Ofen ca. 20 Minuten backen lassen. Mit einem jungen Tempranillo oder einem leichten Spätburgunder genießen.

Fenchel

Fenchel mit schwarzen Oliven, Spaghetti und rotem Pesto
„Einfach und sehr schmackhaft"

Zutaten (für 2-4 Personen):
1 Packung Spaghetti (500 g)
1 Zwiebel
1-2 Fenchelknollen (ca.350 g)
30 schwarze steinlose Oliven
etwas Olivenöl
etwas frisches Basilikum
1 Glas roten Pesto (ca.190 g Inhalt)

Von dem gewaschenen Fenchel den Strunk entfernen, den Fenchel in dünne Streifen schneiden. Das frische Fenchelgrün und das gewaschene Basilikum klein hacken (wie Petersilie) und in eine Schale geben. Zwiebeln schälen und in kleine Würfel schneiden. In einem Topf Olivenöl erhitzen, Fenchel und Zwiebeln dazugeben, etwas anbräunen, 1 EL Wasser dazu gießen und alles ca. 10 Minuten abgedeckt im Topf langsam vor sich hin dünsten lassen. Die Oliven in Ringe (Scheiben) schneiden und zum Schluss kurz (ca. 2 Minuten) in den Fenchel-Sud zum Dünsten geben.

Nebenbei die Spaghetti in Salzwasser wie üblich zubereiten.

Von den fertigen Spaghetti das Wasser abgießen. Eine Tasse Spaghetti-wasser in eine Schüssel geben und das fertige Pesto darunter rühren. Mit schwarzem Pfeffer (Mühle) und Salz würzen, abschmecken und anschließend mit gedünsteten Fenchel, Zwiebeln und Oliven vermengen und unter die fertigen Spaghetti heben.

Über die einzelnen Portionen das klein gehackte Basilikum und den Fenchel streuen, was nicht nur dekorativ aussieht, sondern auch Appetit auf mehr macht. Dazu einen Sauvignon Blanc oder einen jungen Bordeaux für die Zweisamkeit.

Tomatensuppe mit Fenchel

„Würzig mit einem ganz besonderen Charakter"

Zutaten:
1 Zwiebel
1 Knolle Fenchel
1 Tasse Gemüsebrühe (Fertigprodukt)
Geschälte Tomaten (aus der Dose)
1 Prise Salz und Pfeffer

Zwiebel und Fenchel schälen, in kleine Würfel schneiden. Je eine Tasse (Menge) voll in etwas Olivenöl geben und glasig werden lassen. Mit der Gemüsebrühe ablöschen und auf die Hälfte einköcheln lassen. Dann die geschälten Dosen-Tomaten dazu geben, kurz aufkochen, mit Salz und schwarzem Pfeffer würzen (nach Geschmack), vom Herd nehmen, pürieren und so heiß wie möglich servieren. Mit einem Klecks Sahne und etwas Fenchelgrün garnieren.

Tipp: Zu dem sehr aromatisch anregenden Fenchelgemüse passen gut Speisen mit Hackfleisch, jede Art von Tomatensaucen und Risotto als Beilage. Frischer Fenchel ist besonders geeignet für einen kräftigen Braten oder auch gemischt mit anderen Gemüsearten.

Sellerie
„Ein Speisegarant für die große Lust"

Der Sellerie war als Wildpflanze im alten Ägypten schon 1200 v. Chr. bekannt und wurde zunächst als Heilpflanze verwendet. In der Antike schätzten ebenfalls die Griechen die heilenden Kräfte des Selleries und letztendlich profitierten die Römer vom überlieferten Selleriewissen der Griechen.

Die heute bekannten Arten wie Stangen-, Bleich- und Knollensellerie brachten als erste Europäer die Italiener als Gemüse in die Küchen. Seit dem 17. Jahrhundert hat sich Sellerie als Küchengemüse durchgesetzt.

Das Selleriegemüse enthält das männliche Keimdrüsenhormon Androsteron. Die Wirkung der besonderen Selleriesubstanzen soll Männern bei Impotenz und sexueller Lustlosigkeit Abhilfe schaffen und wird deshalb im Volksmund auch Geilwurz genannt. Aber auch Frauen verhilft Sellerie zur Lust auf Sex, welche durch ein flüchtiges Derivat des Testosterons, was hauptsächlich im männlichen Achselschweiß nachweisbar ist und das Verlangen nach einem Mann steigert. Nur muss man wissen, dass sich bei gekochtem Sellerie diese Substanzen (Lockstoffe) verflüchtigen.

Dafür bleiben aber andere zahlreiche wertvolle Inhaltsstoffe wie Eisen, ätherische Öle, Calcium, Provitamin A, Vitamine B und C vorhanden. Sellerie senkt hohen Blutdruck und schützt das Herz.

Für diverse Gerichte im Alltag, aber besonders in der Liebesküche, hat sich der Stangen- und Knollensellerie (Wurzelgemüse) auf dem erotischen Speisezettel durchgesetzt. Kulinarisch eignet sich der Sellerie besonders für Salate, Suppengemüse und für spezielle Saucen. Roh verarbeitet (besonders der Stangensellerie) schmeckt er als Salat mit anderen Gemüsesorten und Gemüsebeilagen. Als dekorativer Stängel in Drinks wird er seinem vorauseilenden Ruf als Garant für eine bessere Potenz gerecht.

Sellerie

Frischer Knollenselleriesalat (Wurzelsellerie)

*„Der gesunde Durchstarter,
roh mit Apfel und Ananas"*

Zutaten:
100 g Crème fraîche
1 TL Zucker
2 bis 3 Äpfel
1 kleine Knollensellerie (ca. 250 g)
1 Zitrone
1 Tasse Ananasstücke
Petersilie, etwas Schnittlauch
Salz und Pfeffer

Die frische Knolle unter Wasser reinigen, dann den Sellerie wie einen Apfel schälen und die holzigen Stücke entfernen. Die Knolle und die Äpfel (wer mag auch mit Schale) auf einer Reibe grob reiben oder in kleine Stücke schneiden, in eine Schüssel geben und mit dem Saft einer Zitrone beträufeln, um eine braune Färbung zu vermeiden. Die Ananasstücke frisch oder aus der Dose klein schneiden und mit in die Schüssel geben. Zum Schluss Crème fraîche über den Salat verteilen, mit Salz und buntem Pfeffer (Mühle) würzen, etwas Petersilie und Schnittlauch klein schneiden und dazu geben, alles zusammen unterrühren und 2 Stunden abgedeckt in den Kühlschrank stellen. Mit etwas Selleriegrün den fertigen Salat auf Tellern garnieren und zu warmen Toastecken servieren (kein Muss!).
Wer kein Crème fraîche mag, kann auch ein Dressing mit 2 EL Olivenöl, 1 EL Weinessig und 1 EL Zucker zubereiten.
Mehr Power geht in einer Mahlzeit nicht!

Knollenselleriesalat mit Möhren, Ei und Jagdwurst nach Ilses Art

„Ein Genuss, der garantiert mundet."

Zutaten (für 4 Personen):

2 kleine Knollen Sellerie
2 größere Möhren
200 g Jagdwurst (im Stück)
1 TL Zucker
1 EL Weinessig
1 EL Salatöl
Salz/Pfeffer
1 kl. Bund Schnittlauch
1 hart gekochtes Ei

Sellerie und Möhren waschen und dann bissfest kochen. In das Wasser 1TL Zucker geben, das schützt vor Braunfärbung und später vom gekochten Wasser $1/_2$ Tasse aufheben.

Nach dem Kochen den Sellerie und die Möhren abkühlen lassen, schälen, holzige Teile entfernen. Das Gemüse, die Jagdwurst, das gekochte Ei in kleine Würfel schneiden und in eine Schüssel   geben.

Zum Schluss etwas frischen, klein geschnittenen Schnittlauch, Salatöl, Essig, bunten Pfeffer (Mühle) dazu geben. Damit der Salat nicht zu trocken wird, 1–2 EL aufgefangenes Selleriewasser über den Salat geben, alles gut durch mischen und für ca. 2 Stunden an einem kühlen Platz oder in den Kühlschrank stellen. Danach ist der Salat richtig durchgezogen, entfaltet geschmacklich sein Aroma und ist für Sellerieliebhaber ein köstlicher Genuss.

Selleriesuppe mit Fenchel und Zitrone

„Eine gelungene, herzhafte, kulinarische Suppe"

Zutaten (für 4 Personen):
$\frac{1}{2}$ kleine Sellerieknolle
2 Zwiebeln
1 kleine Fenchelknolle
50 g Butter
$\frac{1}{2}$ l trockener Weißwein
$\frac{1}{2}$ l Gemüsebrühe
5 TL helles Soßenpulver (aus Beutel oder Glas)
1 Becher süße Sahne
2 Eier
2 Zitronen

Zwiebeln, Sellerie- und Fenchelknolle schälen und in sehr kleine Stücke schneiden. Die Butter (geht auch gute Margarine) in einem Topf erhitzen, das Gemüse 5–10 Minuten unterrühren und goldgelb dünsten lassen. Mit Gemüsebrühe und Wein aufgießen und alles bei schwacher Hitze 15 bis 20 Minuten köcheln lassen. Das Eigelb, die Sahne, das Saucenpulver, den ausgepressten Zitronensaft und einen Schuss Worcestersauce, etwas Salz und hellen Pfeffer in ein Gefäß geben und verquirlen.

Bild oben: *Frauen bei der Kräuterernte, 16. Jh.*

Anschließend das Eiweiß mit einer Prise Salz richtig steif schlagen. Den Topf vom Herd nehmen, die Sahnesauce langsam unterrühren und das Eiweiß leicht unterheben. Wer möchte, kann die Schale einer Zitrone noch dazu reiben oder sehr klein gehackt hinzugeben. Mit Fenchelgrün garnieren.

Sellerie Dip mit Knabbergemüse
„Schmackhaft, würzig und pikant"

Zutaten:
1 Stangensellerie
1 kleiner Kohlrabi
$^1/_2$ Salatgurke
1 mittlere Möhre
80 g Quark
80 g Edelpilzkäse
$^1/_2$ Zitrone
1 Prise Muskat
Salz und Pfeffer

Dip: Den Quark in eine Schüssel füllen, den Edelpilzkäse in Stücke schneiden, den Saft einer $^1/_2$ Zitrone auspressen und alles mit dem Mixer oder Pürierstab pürieren, mit Salz, weißem Pfeffer und einer kleinen Prise Muskat würzen.

Das Knabbergemüse (alles frisch und roh verarbeiten)

„Mehr Power geht nicht."

Zutaten: 1 Möhre, 1 Kohlrabi, 1 Gurke

Die Möhre, den Kohlrabi und die Gurke waschen, schälen und in kleine ca. 5 bis 10 cm lange Streifen schneiden. Den sehr aromatischen Stangensellerie reinigen und die stärker verdickten Blattstiele verwenden. Den Stiel ebenfalls in Streifen schneiden. Das frische Gemüse wird dann geschmackvoll auf einem Teller angerichtet und der leckere Dip dazu serviert.
Übrigens kann der Dip auch zu anderen passenden Speisen gereicht werden, schmeckt auch als Brotaufstrich sehr gut.

Tipp: Frische Selleriestäbchen können auch als Knabbersnack zu Partys oder als dekorative genüssliche Beigaben in Drinks serviert werden.

Tipp: Frischen Sellerie immer mit etwas Zitrone beträufeln, dann wird er nicht braun.

Spargel

„Wenn Du Kartoffeln oder Spargel isst, schmeckst Du den Sand
der Felder und den Wurzelsegen, des Himmels Hitze und
den kühlen Regen, kühles Wasser und den warmen Mist."

Carl Zuckmayer

„Bis Johanni nicht vergessen: sieben Wochen Spargel essen."

Volksmund

Zu den verschiedensten Gemüsearten, die als Aphrodisiakum speziell für stimulierende Speisen genutzt werden, gehört seit jeher der Spargel. Seit der Antike wird die lange, schmale Stange von den Griechen und Römern als wertvolles Gemüse geschätzt und verwendet. Wieder waren es die Römer (Marcus Portius Cato ca. 234–149 v. Chr.), die das königliche Gemüse, wie auch viele andere Gemüsearten, einst kultivierten. Hieronymus Bock (1498–1554) beschreibt den Spargel als „liebliche Speise".

Im Spargel stecken viele gesunde Stoffe. Spargel besitzt wenig Kalorien, aber zahlreiche Vitamine wie A, B und C. Mit seinen wertvollen Inhaltsstoffen Kalium, Kalzium, Magnesium, Phosphor, Eisen, Asparagin und Aminosäuren, die für das starke Entwässern sorgen, wurde und wird der Spargel, für verschiedene Heilzwecke angewendet. Der griechische Arzt Hippokrates (ca. 460–370 v. Chr.) erwähnte ebenfalls den Spargel als wertvolles Heilmittel.

Spargel regt das Wasserlassen an, hilft bei Blasenschwäche, Geschwüren, fördert die Verdauung und unterstützt die Darmtätigkeit. Und da der Spargel kaum Kohlehydrate, Eiweiß und überhaupt kein Cholesterin besitzt, ist er bestens für Diabetiker geeignet.

Seit Beginn des 17. Jahrhunderts wird der Spargel auch in Deutschland in reiner Handarbeit angebaut und geerntet (Spargelzeit von Ende April bis 24. Juni). Dabei spielt es keine Rolle, ob es sich um schneeweißen, violetten oder grünen Spargel handelt. Äußerst gesund ist gleichermaßen jeder dieser Artgenossen.

Seit der Antike regt die äußere Form des Spargels, die einem Phallus ähnlich sieht, die Fantasien der Menschen an.

So sagte einst der Leibarzt von Kaiser Maximilian II., Pietro Andrea Mattioli (1563): „Spargel in der Speise genossen, bringt lustige Begier den Männern."

Das aphrodisierende und erotische Stangengemüse gilt als besonders schmackhaftes und edles Gemüse und bereichert die kulinarischen Speisekarten. So wird der Spargel als Durchblutung anregender und genüsslicher Garant immer wieder aufs Neue die erotischen Phantasien der Menschen beflügeln und ihre sinnliche Gedankenwelt durch seine spezielle Form beeinflussen.

Spargel mit Kräutercreme und Kartoffeln

„Ein würziges Spargelgericht"

Zutaten (für 4 Personen):

2 kg frischen Spargel

1,5 kg Kartoffeln

1 EL Butter

1 TL Salz

1 TL Zucker

2–3 kleine Zwiebeln

1 TL Olivenöl

2 EL gekörnten Frischkäse

100 g Crème fraîche

150 g Joghurt

1 Prise Salz und Pfeffer

2 Bund frische Kräuter (etwas Schnittlauch, Dill, Kresse, Petersilie alles nach eigenem Geschmack zusammenstellen)

Die Kartoffeln waschen, schälen, wie üblich in Salzwasser kochen und zubereiten. Den frischen Spargel ebenfalls waschen, schälen und den holzigen Teil am Ende der Stange entfernen. Anschließend in reichlichem Salzwasser – wer möchte, kann auch noch 1 TL Zucker dazu geben – bissfest kochen (ca. 15–25 Min.).

Die frischen Kräuter und Zwiebeln klein hacken, in eine Schüssel geben, dazu Frischkäse, Joghurt, Crème fraîche und Olivenöl (alles Küchenwarm), nach Bedarf eine Prise Salz und schwarzen Pfeffer darüber streuen und anschließend alles gut mit einander verrühren.

Die gekochten Kartoffeln auf einen vorgewärmten Teller geben und ebenfalls den fertigen und gut abgetropften Spargel dazu portionieren.

Anschließend mit einem Löffel die aromatische und vitaminreiche Kräuter-creme über den Spargel streichen. Den Tellerrand mit ein paar frischen, klein gehackten Kräutern bestreuen und fertig ist ein sehr schnelles, schmack-haftes und gesundes Spargelgericht.

Tipp: Zu dem Spargelgericht passt ein gut gekühlter Weißwein wie Riesling, Weißburgunder, Sau-vignon oder Chardonnay.

Spargel mit Pilzen und buntem Pfeffer

„Schmeckt immer – besonders ganz frisch"

Zutaten:

500 g Spargel

200 g frische Pilze

50 g Butter

0,1 l Kalbsknochenbrühe

50 ml Weißwein

Saft von einer $\frac{1}{2}$ Zitrone

Frische Petersilie

Bunter Pfeffer

Salz

Spargel wie üblich schälen und im Salzwasser kochen. Anschließend den Spargel entnehmen, etwas abtropfen lassen, dann in heißer Butter 2 Minuten dünsten. Auf einer vorgewärmten Platte den Spargel in Kranzform mit den Köpfchen nach außen legen. In die Mitte der Spargelplatte kommen die klein geschnittenen in heißer Butter gedünsteten Pilze (auch Konservenpilze). Anschließend wird ein wenig Brühe und Weißwein dazu gegeben. Etwas Zitronensaft, nach Bedarf nachsalzen und zum Schluss mit buntem Pfeffer bestreuen und würzen.

Ein trockener Grau- oder Weißburgunder passt prima dazu, aber auch ein leichter Spätburgunder ist möglich.

Schinkenröllchen mit Spargel und Käsesauce überbacken

„Überbackene Spargelleckerei"

Zutaten:

850 bis 900 g frischen Spargel oder auch aus dem Glas

14 Scheiben roher Schinken (nach eigenem Geschmack)

50 g Mehl

50 g Butter

150 g Emmentaler Käse (gerieben)

150 g Greyerzer oder Gryère Käse (gerieben)

600 ml Milch

1 EL Senf (Dijon)

1 Prise Muskat

1 Prise Salz und Pfeffer

Sicher fragt man sich, welcher Schinken am besten zum Spargel passt, was nicht leicht zu beantworten ist, denn es gibt sehr viele verschiedene Schinkensorten. Bei der Schinkenauswahl kommt es also oft auf den persönlichen Geschmack oder einen guten Koch an. Zu empfehlen wäre immer ein etwas würziger Schinken, der nach der Schlachtung im Herbst über den Winter mindestens 3 Monate gereift ist und passend zur Spargelsaison angeschnitten werden kann. Der Schinken verleiht somit dem leichten Spargelgericht eine ganz besondere und eigene Note.

Den gegarten oder fertigen Spargel (Glas) am unteren Ende der Stange (3 Stück) in die einzelnen Schinkenscheiben einrollen und mit dem eingerollten Abschluss nach unten in eine eingefettete feuerfeste Form (Auflaufform) nebeneinander legen.

In einen Topf Butter geben, diese zergehen lassen, dann das Mehl in den Topf dazu streuen und unter ständigem Rühren anschwitzen. Danach langsam die Milch dazu gießen und weiter unter ständigem Rühren die Sauce langsam zum Kochen bringen. Die angedickte Sauce vom Herd nehmen. Käse und Senf unterrühren und mit etwas Muskat, Salz und Pfeffer würzen, abschmecken und fertig ist eine gehaltvolle Käsesauce, die über die Spargelschinkenröllchen in der Form gegossen wird.

In dem vorgeheizten Ofen von 180°C wird der Spargel ca. 20 Minuten weiter gegart, bis er schließlich zum Servieren fertig ist. Dazu ein Weißburgunder oder ein Sauvignon blanc – einfach köstlich.

Tipp: Das Spargelgericht kann ebenfalls als Vorspeise gereicht werden.

Küchenkräuter

„Es gibt eine Kraft aus der Ewigkeit und diese Kraft ist grün."
Hildegard von Bingen (1098–1179)

Estragon

„Estragon du kleiner ‚Drache' gibst die Kräuterwürze für manch leckere Sache."

Auf Französisch bedeutet Estragon wegen seinen schmalen, dünnen und würzigen Blätter (Drachenzungen) „kleiner Drachen".

Estragon findet man so ziemlich in ganz Europa. Ursprünglich kommt die Gewürzpflanze aus dem fernen Osten. In China wurde Estragon schon 1000 v. Christi zum ersten Mal erwähnt. Die Sage erzählt, dass die Gewürzpflanze ihren lateinischen Namen von der römischen Göttin Diana erhielt.

Heute wird die Pflanze vorwiegend angebaut und ist für die meisten Menschen in unseren Breiten fast ausschließlich als Gewürz im kulinarischen Bereich bekannt.

Estragon hat auch in der Volksmedizin seinen festen Platz. Am besten und gehaltsvollsten schmeckt Estragon als frisches Kraut. Es sorgt unter anderem für einen guten Stoffwechsel und hilft gegen Frühjahrsmüdigkeit. Estragon unterstützt eine bessere Verdauung (ähnlich wie Beifuss) und wird deshalb gern für die verschiedensten Fisch- und Fleischgerichte und in Soßen als Würzkraut verwendet. Seine ätherischen Öle verhindern stärkere Blähungen und seine Bitterstoffe regen die Magensäfte an. Estragon verleiht auf Grund seiner umfangreichen Inhaltsstoffe Stärke.

Es enthält z. B. ätherische Öle, Asparagin, Cuamrine, Gerbstoffe, Kalium, Kampfer, Jod, Menthol, Phenol, Vitamin C und Zink.

Bei Erschöpfung gibt es die nötigen Kräfte zurück und wirkt anregend auf die Potenz.

Das würzige Kraut gehört zu den aphrodisierenden Gewürzkräutern und damit zur kulinarischen Verführung in der Lust- und Liebesküche. Wer mit Estragon nicht so vertraut ist, der muss ihn einfach probieren, am besten den französischen, der in Deutschland auch Dicker Bertram genannt wird. Er besitzt ein stärkeres Aroma als sein russischer Kollege. Die geschmacklichen Besonderheiten und die unterschiedlichen Aromanoten sind am besten durch das Probieren einzuschätzen.

Zu viel sollte man von dem edlen, aber sehr würzigen Küchenkraut nicht verwenden, sonst schmeckt sein Aroma (ähnlich wie Anis) etwas zu bitter und übertönt leicht andere Zutaten. Als anregendes Gewürz mit seinem speziellen Geschmack eignet es sich besonders für Salatsaucen, diverse andere Saucen, Senfvariationen, Geflügel- und Fischgerichte, Käse- und Gemüsespeisen und zahlreiche Pilzgerichte.

Achtung: Bei Schwangerschaft soll Estragon nicht verwendet werden!

Estragon

Sauce Hollandaise mit frischem Estragon, Petersilie, Kerbel und Schnittlauch

„Eine köstliche und aromatische Sauce"

Zutaten (für 4 Personen):
1 Bund gemischte Kräuter (Estragon, Petersilie, Kerbel und Schnittlauch)
200 g Butter
2 Eigelbe
125 ml trockener Weißwein
1 Prise Salz und Pfeffer
etwas Zucker

Alle Kräuter kalt waschen, auf Küchenkrepp trocken tupfen, die Blättchen vom Stiel abzupfen und alle Kräuter klein hacken/schneiden. Die Butter etwas teilen, in einem Topf schmelzen lassen und dann vom Herd nehmen. Eigelbe und Weißwein in ein Gefäß geben und über dem heißen Wasserbad schaumig schlagen, dann die flüssige Butter nach und nach darunter schlagen. Zuletzt die Kräuter unterrühren, die fertige Sauce mit Salz, Pfeffer und Zucker abschmecken.

Frikadellen mit Estragon-Senfsoße

„Würzig-pikant und sehr appetitlich"

Zutaten (für 8 Frikadellen):
1 Bund Estragon
500 g Hackfleisch halb und halb
20 g Butter/ Margarine
1 Zwiebel
1 älteres Brötchen (Vortag)
1 Ei
4 EL Honig
4 EL Senf (mittelscharf oder nach Geschmack)
2 EL Crème fraîche
1 EL Zucker
1 Prise Salz und Pfeffer

Das Brötchen in einem Gefäß mit warmem Wasser einweichen. Zwiebel schälen und klein schneiden. Das Hackfleisch in eine Schüssel geben, das aufgeweichte, ausgedrückte Brötchen, die Zwiebeln dazu, mit Salz und Pfeffer würzen und alles richtig durchkneten. Die Frikadellen formen, in eine Pfanne mit heißem Fett vorsichtig hinein legen und von beiden Seiten ca. 10–15 Minuten langsam braten lassen.

Den Estragon kalt abwaschen, trocken tupfen und klein schneiden. Senf, Honig, Crème fraîche in ein Töpfchen geben, mit Salz und Zucker abschmecken, alles miteinander gut verrühren, langsam erwärmen und zum Schluss den Estragon mit unterrühren. Fertig ist eine würzige und pikante Estragon-Senfsoße zu den Frikadellen.

Bild re: *Kräuterernte, 16. Jh*

Rindersteaks mit Estragon

„Würzig, kraft- und energievoll"

Zutaten (für 4 Personen):
1 Bund Estragon
4 Steaks vom Rind
2 TL Butter oder gute Margarine
$\frac{1}{2}$ Tasse Weißwein
50 ml Cognac
50 ml Sahne
1 TL Senf
$\frac{1}{2}$ TL Zucker
Salz/Pfeffer

Den Ofen auf 120°C mit einer Bratform vorheizen. In einer Pfanne die Butter erhitzen und in die sehr heiße Butter die von beiden Seiten mit Salz und Pfeffer (schwarz) gewürzten Steaks geben und je nach Stärke auf jeder Seite 2 bis 2 $\frac{1}{2}$ Minuten braten. Danach die Steaks gleich in die vorgewärmte Bratform geben und im Ofen ca. 10 Minuten bei 120°C nachgaren lassen.

In die Pfanne mit dem ersten Bratensud Weißwein und Cognac gießen und etwas einköcheln lassen, dann die Sahne dazu geben und den Senf mit unterrühren.

Zum Schluss kommt der fein gehackte Estragon dazu, lässt ihn kurz mit einköcheln, würzt mit Salz, Pfeffer und Zucker. Lässt dann die Sauce langsam köcheln, bis sie sich etwas verdickt und würzt nach eigenem Geschmack die Sauce noch einmal nach. Und fertig ist ein sehr aromatisches Fleischgericht mit köstlicher Sauce. Dazu passt ein kräftiger Rotwein, ein Bordeaux oder ein Lemberger.

Tipp: Als Beilage passt sehr gut Risotto dazu.

Bild oben: *Garten der Gesundheit, Zeichnung , 16. Jh.*

Liebstöckel

„Sein Name hält mit ‚Würze‘, was er verspricht."

Liebstöckel, so verrät schon der Name, steht für die Liebe und mit allem was damit für Liebende im Volksglauben verbunden wird. Einst trugen junge Mädchen in Norditalien unter ihrem Rock kleine Bündel mit Liebstöckel, damit sie den ersehnten Liebsten bekamen. Gestandene Frauen ließen ihre Herren der Schöpfung in einem Bad mit Liebstöckel baden, um die Mannes-kraft zu stärken.

Das magische Kraut ist als Aphrodisiakum auf dem Speisezettel zum Würzen in der Lie-besküche nicht weg zu denken.

Bei vielen ist Lieb-stöckel mit seinem aromatischen und in-tensiven Geruch als Maggikraut bekannt, obwohl es mit dem Erfinder des Maggi-gewürzes überhaupt nichts zu tun hat und auch nicht als Sub-stanz in dieser Sauce vorkommt.

In vielen Bauerngärten ist der anspruchs-lose große grüne Busch zu finden, von dem man sich zum Würzen von Speisen den ganzen Sommer frisch bedienen kann. Für eine geschmackvolle Suppe (4 Personen) reichen schon 1 bis 2 Blättchen von dem aromatischen Strauch. Richtig zum Tragen kommt das würzige Kraut, wenn es in Speisen mitgekocht wird.

Auch als Heil- und Medizinpflanze wurde Liebstöckel seit Tausenden von Jahren genutzt. Speziell verwendete man Liebstöckel auch für den Liebeszauber wegen seiner kräftigen Pfahlwurzel. So wurde es auch „Stöckel der Liebe" genannt. Die Würzpflanze wird als Liebestrank zur Anregung und für eine starke Form, also für das „Stöckel des Mannes" angewendet.

Durch die aphrodisierenden Inhaltsstoffe des Küchenkrautes kommt es körperlich zu einer starken Erhitzung, bewirkt ein regelrechtes Liebesfeuer bei Männern und Frauen gleichermaßen und das völlig frei, ohne jegliche Nebenwirkungen und Beipackzettel.

Achtung: Während der Schwangerschaft darf Liebstöckel nicht gegessen werden!

„Liebstöckel, kräftiges Kraut, dich zu nennen im duftenden Dickicht
Heißt mich die Liebe, mit der ich im Gärtchen alles umfasse.
Zwar durch Saft und Geruch, so glaubt man, soll diese Pflanze
Schaden den Zwillingssternen der Augen und Blindheit bewirken.
Aber die kleinen Samen der Pflanze pflegen doch manchmal als Beisatz
Andrer Arznei durch fremdes Verdienst sich Lob zu erwerben."
Walahfried Strabo

Tipp: Liebstöckel kann getrocknet, gemahlen und frisch verarbeitet werden. Es schmeckt sehr würzig, deshalb nicht zu große Mengen verwenden. Das Küchenkraut eignet sich besonders für herzhafte Suppen, für Geflügel, Kalbfleisch, Tafelspitz, Fisch und Salate.

Liebstöckel in Kräuterquark

„Quark macht stark.“

Zutaten:
1 Becher Quark (250 g)
3 Blätter Liebstöckel
1 Prise schwarzer Pfeffer
1 Prise Salz
etwas Schnittlauch
$^1/_2$ TL Kaffeesahne

Den Quark in eine Schüssel füllen. Liebstöckel und Schnittlauch klein schneiden oder hacken und zu dem Quark in die Schüssel geben. Mit schwarzem Pfeffer und Salz würzen, einen $^1/_2$ TL Kaffeesahne unterrühren bis der Quark schön sämig ist. Schmeckt zu Pellkartoffeln sehr lecker oder auch zu Bauernbrot.

Liebstöckel-Butter

„Für laue Sommer-Grillabende“

Zutaten:
Butter
Liebstöckel

Die etwas warme Butter wird nach dem gleichen Rezept, aber ohne Kaffeesahne zubereitet. Die Kräuter können mit einer Gabel in die Butter gedrückt werden. Die Liebstöckel-Butter wird zu kleinen Bällchen gerollt, die dann auf heißen Steaks, Wurst- und Käseplatten serviert werden können, dekorativ aussehen und ebenfalls auf Brot gut schmecken. Sind Butterbällchen übrig, können diese, in Folie verpackt, eingefroren werden.

Kartoffelauflauf mit Liebstöckel

„Welche Wonnen..."

Zutaten (für 2–3 Personen):

3 Zweige (20 cm) Liebstöckel
1 Becher süße oder saure Sahne (nach Geschmack)
etwas Butter
1 Prise Salz
schwarzer Pfeffer
150 g Käse (würzig)
2 Tomaten
$1/_2$ l Gemüsebrühe oder Salzwasser
600 g Kartoffel

Die Kartoffeln schälen, waschen, in dünne Scheiben schneiden und in einer Gemüsebrühe oder Salzwasser 5 Minuten kochen lassen. Nach dem Abkühlen in eine gefettete Auflaufform schuppenförmig schichten und den frischen klein gehackten Liebstöckel darüber streuen. Die Tomaten in Scheiben schneiden und ebenfalls darüber legen, oder wer Auberginen lieber mag, kann auch diese verwenden. Mit einer Prise Salz und mit schwarzem Pfeffer würzen. Zum Schluss die Sahne darüber gießen, Butterflöckchen darüber verteilen und mit einem würzigen Käse in Scheiben abdecken.

Bei 175°C den Auflauf im Ofen backen, bis er eine hellbraune Farbe hat. Den fertigen Auflauf dann portionsweise auf Teller geben, mit Liebstöckelblättern garnieren und servieren.

Ein Spätburgunder oder ein Medoc machen das Gericht perfekt.

Liebstöckelsauce

Zutaten:
30 g Butter
1 EL frisch gehackter Liebstöckel
30 g Mehl
$\frac{1}{4}$ l Milch
$\frac{1}{4}$ l Sahne
Salz / Pfeffer

In einer Pfanne Butter auslassen, den frischen Liebstöckel dazu geben und ca. 5 Minuten in der Butter dünsten lassen. Anschließend das Mehl langsam dazu rühren, anschwitzen, nun langsam unter Rühren die Milch dazu gießen. Mit Pfeffer und Salz nach Geschmack würzen, bis zu 5 Minuten langsam köcheln lassen und zum Schluss die Sahne (süß oder sauer nach Geschmack) unterziehen.

Tipp: Die aromatische Liebstöckelsauce geht schnell und passt hervorragend zu vielen Kurzgerichten wie z. B. Geflügel (Pute, Hühnchen), Steaks, Kassler oder auch nur zu einfachen Pellkartoffeln.

Petersilie

„Das frische, grüne Kraftbündel bringt die nötige Lebensenergie als Würze."

Die Petersilie, das äußerst vitaminreiche Gewürzkraut, kennt jeder. Mit der kleinen grünen, krausigen oder auch glatten Blätterpflanze werden zahlreiche Gerichte wie Salate, Suppen, Gemüse und Soßen gewürzt. Schließlich kann das frische Gewürzkraut von April bis Oktober im eigenen Garten oder auch im Blumentopf geerntet oder auch getrocknet verwendet werden.

Die alten Ägypter bestatteten ihre Toten mit Kränzen aus Petersilie. Im Mittelalter wurde das Würzkraut zum Vertreiben von bösen Geistern und Unheil benutzt.

Petersilie wurde schon als Heil- oder Gewürzpflanze in den ältesten Klostergärten angebaut. Hildegard von Bingen verabreichte aus Petersilie einen selbst gemixten Herzwein gegen so manchen Herzschmerz und andere Gebrechen.

Kluge Hexen setzten die kleinen Pflanzen als Aphrodisiakum ein. Die alten Griechen trugen auf ihrem Kopf vor bestimmten Feierlichkeiten Petersilienkränze, um sich vor Trunkenheit zu schützen. Ihren Kriegern war das Petersilieessen vor Kämpfen verboten, da das grüne Kraut die sexuelle Energie der Männer verstärkt anregt.
Selbst die Nymphe Kalypso soll mit einem Teppich aus Petersilie bedeckt gewesen sein, als sie Odysseus verführte.

In den Speisen für die Lust wird die Petersilie als Aphrodisiakum nach wie vor allen Erwartungen gerecht. In alten Überlieferungen wurde Petersilie in manches Liebesgetränk gegeben, weil ihr eben eine starke aphrodisierende Wirkung nachgesagt wird. Die Petersilie hat durch ihre Vitamine A, B, C und zahlreiche Inhaltsstoffe sowie durch die Wirkstoffe Myristicin und Apiol eine stimulierende und anregende Wirkung auf beiderlei Geschlecht.

Besonders auf die Sexualorgane hat Petersilie eine besonders anregende Wirkung. Bei Frauen vermag Petersilie die weibliche Libido zu steigern. Es wird angenommen, dass die Inhaltsstoffe von Vitaminen A, B, C, Jod, Kalzium, Magnesium und Eisen diese Wirkung beflügeln.

Achtung: Bei Schwangeren wird unbedingt vom Verzehr frischer Petersilie abgeraten, weil sie eine abtreibende Wirkung hat!

Kulinarisch ist das Pflänzchen  als aromatisches Gewürzkraut jedoch ein Muss.

Bei vielen Gerichten und ganz speziell bei einem Dinner zu Zweit gehört Petersilie unbedingt dazu.

Petersilien-Pesto

„Das grüne Aphrodisiakum für die Küche"

Zutaten:

80 g klein gehackte Petersilie

2–3 Zehen Knoblauch

50 g geröstete Pinienkerne

50 g geröstete Mandeln

70 g geriebener Parmesan

180 ml Olivenöl

1 Prise gemahlener Pfeffer und Salz (oder nach Geschmack)

Bis auf das Öl alle Zutaten in einem Mörser so gut wie möglich zerstoßen. Die zerdrückte Masse in ein Kunststoffgefäß geben und langsam pürieren. Dabei nach und nach das Öl dazu geben, bis eine geschmeidige Paste entsteht. Zum Schluss in saubere Gläser abfüllen, verschließen und bis zum Gebrauch kalt stellen.

Nudelgericht mit Petersilien-Pesto

„Ideal für Zwei, schmeckt gut und leicht."

Zutaten:

1 Packung bunte Bandnudeln

Petersilien-Pesto nach Bedarf

Parmesan nach Bedarf

Cocktailtomaten

Handelsübliche bunte Bandnudeln nach Kochanleitung zubereiten und portionsweise auf die Teller geben. Darüber mit einem Löffel je nach Bedarf das selbst zubereitete Petersilien-Pesto geben und kurz vermischen. Kleine dünne Parmesanstreifen über die Nudeln reiben und mit kleinen halbierten Cocktailtomaten die Nudeln verzieren, servieren und mit einem schönen Roséwein genießen.

Petersiliensuppe

„Ein köstlicher Auftakt"

Zutaten (für 4 Personen):
2 Bunde glatte Petersilie (aromatischer)
1 geschälte Knoblauchzehe (kein Muss)
350 g Gemüse- oder Fleischbrühe
1 Schalotte
60 ml Weißwein
2 EL Olivenöl
150 ml Sahne
Salz und Pfeffer
Parmesan nach Geschmack
Semmelwürfel

Die Schalotte und den Knoblauch klein schneiden und in Olivenöl etwas dünsten. Mit der Brühe und dem Weißwein ablöschen, etwas Salz und gemahlenen schwarzen Pfeffer dazu geben. Alles ein paar Minuten köcheln lassen. In der Zwischenzeit die frische Petersilie klein hacken und in die Sahne rühren, dann alles miteinander vermengen und noch 10 Minuten leicht köcheln lassen. Anschließend die Suppe vom Herd nehmen, pürieren und auf angewärmte Teller füllen. Über die köstliche Suppe können Parmesankäse gerieben und frische klein geschnittene Petersilie gestreut werden. In der Pfanne klein geschnittene und angeröstete Semmelstücke mit einem Esslöffel in die Mitte der Suppe geben. Dies rundet die köstliche Suppe zusätzlich ab.

Tipp: Niemals Gerichte mit frischer Petersilie über Nacht stehen lassen und wieder aufwärmen! Meistens werden diese Speisen sauer oder wie man so schön bei Suppe sagt „sie ist gekippt".

Bild oben: *Petersilienbeet, zeitgenöss. Stich, 16. Jh.*

Pfefferminze

„Minze erhöht und steigert das Lustempfinden."

Die gute alte Minze ist nicht nur für Heiltees zu verwenden, sondern sie nimmt einen Spitzenplatz bei den aphrodisierenden Kräutern ein. Der frische Geschmack von Minze verbessert ganz natürlich unsere Atemfunktion, indem wir viel tiefer und öfter einatmen. Automatisch erhöhen sich dann der Puls und der Sauerstoffgehalt im Blut, wobei gleichzeitig auch viel mehr Blut in den Genitalbereich durch die Venen gepumpt wird. Somit entsteht ein größeres sexuelles Lustempfinden und Verlangen bei so mancher Kuschelstunde.

Die Minze kannten auch schon die alten Ägypter, denn sie wurde als Grabbeigabe bei Ausgrabungen gefunden. In der Antike wurde die erfrischende Pflanze ebenfalls in vielerlei Hinsicht genutzt und für kulinarische Genüsse verarbeitet. Zum Beispiel wurden bei diversen Festen die Tische mit frischen Minzblättern eingerieben. Durch das Einatmen des Minzduftes sollte die „Fleischeslust" angeregt werden.

Discorides Pedanios schrieb um 100 n. Chr., dass die Minze die „Krone der Aphrodite" genannt wurde.

Unter anderem versichert Pietro Andrea Mattioli (1500−1577), dass Minze den männlichen Samen stärken würde und ein altes griechisches Sprichwort besagt: Man dürfe im Kriege Minze weder aussäen, noch ernten und verzehren, da die durch die Minze angefachte Leidenschaft die Soldaten aufzehre.

Schon im Mittelalter gab es Schokolade mit Minze verfeinert, die als Aphrodisiakum verwendet wurde.

Heute gibt es ca. 20 verschiedene Minzearten, wobei sich in Deutschland die Pfefferminze durchgesetzt hat. Sie wird sowohl für die Hausapotheke als auch in der Küche verwendet.

Zahlreiche Speisen, zum Beispiel Wild, Lamm, diverse Saucen, Schokolade, süße Speisen, Sorbets, Obstsalate und Drinks werden mit dem einzigartigen erfrischenden Kraut zubereitet und verfeinert.

Natürlich verstand man über Jahrtausende hinweg, die Geschmacksnerven der Menschen mit Minze zu sensibilisieren und sie über Gaumen und Zunge kulinarisch zu verwöhnen und zu verführen.

Selbst Ernest Hemingway trank in seiner Lieblingsbar in Havanna immer einen aromatischen „Mojito" der unter anderem mit Minze zubereitet wird und zu den kubanischen Nationalgetränken zählt.

Drink „Mojito" mit frischer Minze

(nach Ernest Hemingway)

Zutaten:
5 cl weißer kubanischer Rum
2,5 cl Limettensaft
6–8 Blätter frische Minze
3 BL (Barlöffel) weißer Rohrzucker oder
2 cl Zuckersirup
4 cl Sodawasser

In ein Longdrinkglas die frischen Minzeblätter, Limettensaft und Zucker geben. Die Zutaten umrühren, um die aromatischen Inhaltsstoffe der Minze frei zu setzen und den Zucker aufzulösen. Den Rum dazu gießen und alles 2 bis 3 Minuten ziehen lassen. Anschließend mit grob zerstoßenem Eis auffüllen und das Sodawasser dazu gießen. Für´s Auge und den Geschmack noch zwei kleine Minzezweige in das Getränk geben, die vorher zwischen beiden Händen an- geklatscht oder gedrückt werden, um die ätherischen Öle freizusetzen. Noch einen Trinkhalm in den verführerischen „Mojito", und es kann serviert werden.

Pfefferminz Mousse

„Das sinnliche Dessert"

Zutaten (für 4 Personen):
350 g Schlagsahne
4 Blatt Gelatine
60 g Zucker
3 Eigelbe
4 EL grüner Pfefferminzlikör

Die Gelatine nach Beschreibung einweichen und bei schwacher Hitze auflösen. Eigelb und Zucker in einer Schüssel solange rühren, bis alles schaumig und dickflüssig ist, dann den Likör dazu gießen. Die warme Gelatine unterziehen. Schlagsahne steif schlagen und langsam unterheben. Das fertige Mousse 4 bis 5 Stunden kalt stellen. Die aromatischen Portionen aufteilen und mit frischen Pfefferminzblättchen schön garnieren.

Pfefferminz-Eistee

*„Genial und spritzig
für heiße Tage"*

Zutaten:
500 ml klarer Apfelsaft
1 Liter Tee (frische Pfefferminze
aufbrühen)
ein paar Blätter frische Minze

Einen Liter kochendes Wasser über eine Handvoll frischer Pfefferminzblätter (oder 2 Teebeutel) in eine große Kanne gießen, 5 Minuten ziehen lassen und danach kühl stellen. Anschließend den kalten Apfelsaft (Kühlschrank) dazu geben. Das kühle Getränk in einen schönen Glaskrug umgießen und ein paar frische Minze Blätter einrühren. Sieht schön aus und schmeckt frisch.

Tipp: Als Hingucker können frische Pfefferminzblätter (auch andere Minzarten) zu Eiswürfel gefroren mit in das Getränk gegeben werden. Dadurch bleibt der Eistee länger kühl und sieht exzellent aus.

Pfefferminze

Pfefferminzlikör

„Der grüne, sanfte und
erfrischende Anmacher"

Zutaten:
1 dekorative Glasflasche (mindestens 1 l)
1 l Schnaps (klarer 40% Wodka oder Korn)
4 Zweige Pfefferminze (Flaschenlänge)
4 Blätter Zitronenmelisse
2 Gewürznelken
2 EL Zucker

Frische Pfefferminze, Melisse (nur waschen, wenn stark verschmutzt) und Gewürznelken in eine Flasche geben, zur Not mit einem Stiel (z.B. Quirl) die Pfefferminze nach drücken, dann den Zucker dazu geben, mit Schnaps auffüllen und gut verschließen. Alles bleibt 4 Wochen in der Wärme (Küche, Fensterplatz) stehen. Nach dieser Zeit einmal probieren, ob der Likör süß genug ist, wenn nicht, kann mit etwas Zucker nachgesüßt und noch mal 10 Tage stehen gelassen werden. Anschließend den fertigen Likör in eine dekorative Flasche durch ein Sieb umfüllen und es sich schmecken lassen.

Gegrilltes Zanderfilet mit Zitronenbutter und frischer Pfefferminze

„Eine frische und genüssliche Delikatesse"

Zutaten:

4 Fischfilets/je ca.200 g Zander

4 EL Öl

4 EL Zitronensaft

5 TL frisch gehackte Pfefferminze

4 kl. frische Zweige Pfefferminze

1 EL frisch gehackte Petersilie

150 g Butter

1 TL Salz

1 Prise frisch gemahlener Pfeffer

Öl und 2 TL Zitronensaft in eine kleine Schüssel gießen, die Pfefferminze und etwas Pfeffer dazu geben, alles gut verrühren und 10 Minuten ziehen lassen. Die frischen Zanderfilets kalt abwaschen und auf einem Tuch oder Papier (z.B. Küchenkrepp) trocken tupfen, danach mit der Pfefferminz-Marinade einstreichen. Die Filets dann 8 bis 10 Minuten von beiden Seiten im Backofen oder auf dem Elektro- oder Holzkohlengrill grillen. Anschließend mit etwas Salz würzen. In der Zwischenzeit die Butter in eine Pfanne geben und langsam zergehen lassen, den restlichen Zitronensaft und die frische Petersilie unterrühren, mit Salz und Pfeffer würzen und mit dem Schneebesen etwas sämig schlagen. Die fertigen Zanderfilets dann mit der heißen Zitronenbutter und den frischen Pfefferminzzweigen servieren. Dazu einen Chablis oder einen leichten Rotwein.

Tipp: Besonders gut schmecken dazu rohe, in Folie gebackene Kartoffeln. Auch frische Salzkartoffeln und Reis eignen sich.

Rosmarin

„Das sinnliche Würzkraut belebt die Sinne und vertreibt Nervosität."

Der immergrüne Rosmarinstrauch schmückt sich zu Recht mit dem Titel als „Heilpflanze des Jahres 2011". Keine Kräuterpflanze hat so ein breites Anwendungsspektrum wie der Rosmarin.

Seinen schönen Namen verdankt der Rosmarin dem lateinischen Wort „ros maris", was Tau des Meeres bedeutet. Denn einst glaubten die Römer, dass sein würziger aromatischer Duft durch den Tau des Meeres kommt.

Seit der Antike als Heil-, Zauber- und Liebespflanze geschätzt und der Liebesgöttin Aphrodite geweiht, hielt diese Gewürzpflanze im Mittelalter Einzug in die Küchen. Als mediterranes Küchengewürz findet Rosmarin im Mittelmeerraum und der Provence vielseitige Verwendung. In den südlichen Ländern ist Rosmarin seit jeher wegen seiner gesundheits- und verdauungsfördernden Eigenschaften wichtiger Bestandteil in zahlreichen Kräutermischungen (z. B. Kräuter der Provence). Aber auch als klassisches Grillgewürz oder zum Würzen von Geflügel, Lammfleisch, Zucchini, Kartoffeln, Kräuterbutter, Soßen, Tomatensuppen, Käsevariationen und Teigwaren ist Rosmarin sehr gut geeignet. Selbst Honig oder diverse Süßspeisen können mit Rosmarin gewürzt werden. Angesichts des starken würzigen Eigengeschmacks von Rosmarin lieber etwas sparsamer würzen, sonst „kippt" das Aroma, und es schmeckt bitter.

Übrigens wird in unserer Zeit die Kräuterpflanze auch als „Ginseng des Westens" bezeichnet, denn mit ihren besonderen Inhaltsstoffen ist Rosmarin auch ein Stärkungsmittel. Bei Frauen mit Erschöpfungserscheinungen entspannt Rosmarin und steigert die Lust.

Achtung: In der Schwangerschaft sollte man unbedingt auf größere Mengen Rosmarin oder -Öl verzichten, da es auf die Gebärmutter stimulierend wirkt!

Wenn du dich schwach fühlst,
dann koche die Blätter des Rosmarins
und wasche dich damit, bis du glänzt.
Wenn du am Rosmarin riechst,
wird es dich jung erhalten.

Banckes Kräuterbuch, 1525

Rosmarin

Vollkornbrot mit würziger Rosmarinbutter

„Einfach und absolut gesund"

Zutaten:
2 EL frische klein geschnittene Rosmarinzweige
200 g Butter warm stellen
1 EL Butter
1 Prise Kräutersalz
Frisches Vollkornbrot/Scheiben

Etwas Butter in eine Pfanne geben, schmelzen lassen, den frischen Rosmarin dazu geben und kurz unter die heiße Butter rühren. Dann etwas abkühlen lassen. Die restliche Butter auf einen Teller geben, mit Kräutersalz würzen und den warmen Rosmarin mit einer Gabel in die Butter einarbeiten. Fertig ist diese wohl schmeckende Kräuterbutter. Die Brotscheiben können z.B. mit einer Herzform ausgestochen, mit der abgekühlten Kräuterbutter bestrichen und mit Blüten (je nach Jahreszeit) garniert werden.
Dazu ein gutes Glas Wein.

Verführerischer Rosmarinwein

„Passend für einen schönen entspannten Abend zu Zweit"

Zutaten:
1 l guter Weiß- oder Rotwein
1 kleiner Zweig Rosmarin

In einen guten Tropfen Wein einen kleinen Zweig (ca. 4 cm) frischen Rosmarin geben. Die Flasche wieder verschließen und 6 Tage an einen warmen Platz stellen. Für einen schönen entspannten Abend ist dieses mit wenig Aufwand hergestellte Getränk ein vorzügliches Aphrodisiakum für Frau Venus und Herrn Mars.

Weinprobe, historische Zeichnung

Spaghetti mit Rahmchampignons und frischem Rosmarin

„Bekömmlich leicht und aromatisch"

Zutaten (für 4 Personen):

1 Päckchen Spaghetti

1 kl. Zwiebel

1 gr. Dose oder 1 Glas Champignons

1 TL Butter oder Öl

1 Beutel Champignoncremesoße

$\frac{1}{2}$ Becher Crème fraîche

1 TL frisch geschnittenen Rosmarin

4 kl. Zweige Rosmarin

1 Prise Salz

1 Prise Pfeffer

Spaghetti wie üblich zubereiten. Die Butter in einer Pfanne schmelzen lassen, die klein geschnittenen Zwiebeln dazu geben und goldgelb anbräunen. Die Flüssigkeit von den Champignons abgießen und in einer Tasse auffangen. Die Champignons und den geschnittenen Rosmarin in die Pfanne geben, ab und zu umrühren, ca. 5 bis 10 Minuten einköcheln lassen und zum Schluss die Crème fraîche unterrühren. In einem Topf die Champignoncremesoße (siehe Verpackung) zubereiten, dann den Inhalt der Pfanne hinein geben. Falls die Sauce zu dick ist, vom aufgefangenen Champignonwasser etwas dazu gießen. Alles noch einmal kurz aufkochen lassen. Die Champignons über die Spaghetti geben und mit frischem Rosmarin garnieren. Ein schönes Essen für gemütliche Stunden, dazu einen klassischen Bordeaux oder einen trockenen Weißwein.

Schnittlauch

„Man sieht ihm nicht an, wo er hilft und was er alles kann."

Seit dem Altertum wurde der Schnittlauch in ganz Europa, Mittelasien, Nordafrika und Nordamerika schon als Küchengewürz verwendet. Die Chinesen bezeichneten den Schnittlauch als „Juwel der Gemüsepflanzen" und verwendeten ihn ebenfalls für Heilanwendungen und zum Kochen. Generell ist bekannt, dass die „grüne Röhre" gegen starke Blähungen und hohen Blutdruck hilft, magenstärkend und harntreibend wirkt, sowie als Fruchtbarkeits- und Ausnüchterungsmittel nach zu viel Alkoholgenuss verwendet wird. Einst als wild wachsendes Zwiebelgewächs wurde Schnittlauch später für Speisen kultiviert und gezielt angebaut.

Der dünne, saftige, grüne, rollenförmige Schnittlauch enthält viel Vitamin C und ist stark eisenhaltig. Weiter sagt der Volksmund, dass frischer Schnittlauch bei dem weiblichen Geschlecht die Hemmungen fallen lässt und für Entspannung sorgt.

Schnittlauch gehört, genau wie die Petersilie in die Liste der bekanntesten, stimulierenden Küchenkräuter und wird dadurch in den Kochrezepten für die Lust gerne verwendet. Sein sanfter, zwiebelartiger Geschmack verfeinert alle gemischten und grünen Salate wie Fleisch- und Wurstsalat, Kartoffel- und Fischsalat, Kräuterquark, Butter, Frischkäse, Fischgerichte, diverse Vorspeisen und Tatar.

Es gibt noch viele weitere Verwendungs-möglichkeiten, dabei sind der eigenen Kochfantasie keine Grenzen gesetzt. Wer den frischen Schnittlauch verwendet, sollte ihn mit der Schere klein schneiden, denn mit dem Messer geschnitten gibt es zu viel Verlust von dem besonders würzigen Pflan-zensaft mit den zahlreichen Aromen.

Tipp: Den frischen Schnittlauch, genau wie Petersilie, immer zuletzt den Speisen dazu geben, weil bestimmte Aromastoffe durch Garungsprozesse zerstört werden!

Gurkensalat mit frischem Dill und Schnittlauch

„Schmeckt frisch, leicht und nach mehr"

Zutaten (für 3 Personen):
1 Salatgurke
1 Sauerrahm, Joghurt oder Milch
1 TL Senf
1 kl. Bund Dill
1 kl. Bund Schnittlauch
1 TL Olivenöl und Essig
Salz und Pfeffer
1 TL Zucker

Die gewaschene und geschälte Salatgurke in dünne Scheiben raspeln. Öl, Essig, Senf und Zucker dazu geben und untermischen, dann (je nach Geschmack) Sauerrahm, Joghurt oder Milch über den Salat geben (nicht zu flüssig) und wieder vermischen, abschmecken und eventuell nach würzen und zum Schluss die Kräuter darunter mischen.

Der frische Gurkensalat ist ein absoluter Sommerhit und bereichert zahlreiche Speisen. Schnittlauch und Dill wirken erotisierend und vielleicht gibt es nach dem Genuss auch den lang erwarteten Kuss.

Butterbrot mit Schnittlauch

„Es ist einfach, geht schnell, ist gesund, regt an, schmeckt lecker und würzig."

Zutaten:
1 Bund Schnittlauch
Butter
Bauernbrot oder warmes Baguette

Frischen Schnittlauch kalt abspülen und mit der Schere in eine Schale klein schnippeln. Am besten schmeckt in Scheiben geschnittenes frisches Bauernbrot oder ein warmes Baguette dazu. Beides mit „Brunch" oder Butter bestreichen, dann den Schnittlauch darüber streuen und mit buntem Pfeffer und etwas Salz würzen.

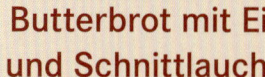

Butterbrot mit Ei und Schnittlauch

„Der kleine Lustmacher"

Zutaten:
1 Bund Schnittlauch
1 hart gekochtes Ei
Pfeffer und Salz
Cherry Tomaten

Genau wie bei einem Butterbrot mit Schnittlauch, wird zusätzlich ein fester gekochtes Ei verwendet. Abkühlen lassen, dann pellen, in Scheiben schneiden und das frische Brot mit den Eischeiben belegen. Anschließend mit Schnittlauch bestreuen, mit buntem Pfeffer und Salz würzen und mit kleinen Cherry Tomaten garnieren.

Thymian

„Die heimliche Lebenskraft als Kräutersaft in unseren Speisen"

In einem Kräuterbuch von 1542 heißt es zu Thymian: *„Thym gestoßen zu pulver und mit saltz vermischt/zu der speiß genützt/macht lustig zu essen"*

Thymian wird als Heil- und Liebespflanze seit Jahrtausenden geschätzt. Wie so oft, waren es die alten Ägypter, die die geruchsintensive, aromatische und antiseptisch wirkende Pflanze verwendeten. Aber auch die Römer und die Griechen opferten Thymian ihren Göttern. Getrocknete Thymianzweige wurden auch als Räucherstäbchen verwendet, weil Thymian den Menschen Mut und körperliche Kraft verleihen sollte. Römische Legionäre mussten vor einer Schlacht in einem Thymianbad baden. Genauso wie Rosmarin, Salbei, Petersilie, Lorbeer, Muskat und Knoblauch wurde und wird Thymian als absolutes Aphrodisiakum in den verschiedensten Speisen verwendet.

Durch die anregenden und belebenden Inhaltsstoffe gibt Thymian Energie, macht gute Laune, verschafft ein angenehmes Wohlbefinden und stimuliert unsere Sinne. Thymian darf einfach nicht in Speisen für romantische Stunden fehlen.

Der Name Thymian ist abgeleitet von dem griechischen Wort *„thymos"*, was *„Lebenskraft"* bedeutet. Heute verbinden die Menschen den Thymian mit seinem angenehmen, intensiven und würzigem Geruch und Geschmack mit Erinnerungen an wunderbare Urlaube im Süden. In der raffinierten, mediterranen Küche ist Thymian als Gewürz in den Speisen ein Muss.

Von dem aromatischen Gewürz gibt es unterschiedliche Arten. Am bekanntesten ist der Feldthymian (Quendel) oder Gartenthymian.

Mit Thymian kann ein breites Spektrum an Speisen gewürzt werden. Dazu zählen z. B. Lamm, Wild, dunkles Geflügel, Schmorfleisch, überhaupt fette Speisen. Aber auch diverse Fischgerichte, Hülsenfrüchte, auch Kartoffeln und Öle. An Salate mit Tomaten, Oliven, Auberginen und Knoblauch passt Thymian ebenfalls.

Thymian ist ein Geschmacksbalsam für den Gaumen.

Des Weiteren gibt es die verschiedensten Kräutermischungen mit Thymian. Wenn Thymian (Zweige) mit gekocht oder gebraten wird, verstärkt sich der würzige Geschmack, deshalb wird Thymian nach dem Kochen wieder aus den Speisen heraus genommen.

Tipp: Wer getrockneten Thymian verwendet, muss wissen, dass das getrocknete Gewürz die dreifache Würzkraft besitzt wie frischer Thymian.

Thymian

Medaillons in Thymianbutter

„... schmeckt nach Urlaub"

Zutaten:
300 g Schweinefilet (für 6 Medaillons)
5 Zweige Thymian
1 Knoblauchzehe
70 g Butter
5 getrocknete Tomaten in Öl
2 EL vom Tomatenöl
20 g Parmesan am Stück
1 Prise Salz
1 Prise Pfeffer

Die warm gestellte Butter auf einen angewärmten Teller geben. Den frischen Thymian kalt und kurz waschen und auf einem Tuch etwas trocknen. Die Blättchen abzupfen und klein schneiden. Die Tomaten aus dem Öl nehmen, abtropfen lassen und ebenfalls klein schneiden, auch den geschälten Knoblauch. Alle Kräuter mit je einer Prise Salz und Pfeffer unter die Butter rühren, dann auf ein Stück Alufolie geben und in eine Rolle formen. Anschließend in das Kühlfach legen. Das Schweinefilet in 6 Scheiben schneiden, nach Geschmack pfeffern und salzen. Vom Tomatenöl etwas in eine Pfanne geben, richtig erhitzen, die Medaillons von jeder Seite 2 Minuten kurz anbraten, dann die ziemlich kalte Butter in 6 Scheiben schneiden, auf jedes Medaillon legen und noch mal für 40 Minuten im Ofen mit mittlerer Hitze garen lassen. Die Medaillons auf die vorgewärmten Teller legen, die restliche Kräuterbutter aus der Pfanne mit einem Löffel über das Fleisch träufeln, den Parmesankäse darüber reiben und mit einem Thymianzweig garnieren.

Als Begleiter einen schönen Riesling oder einen Beaujolais genießen.

Tipp: Dazu können Ciabattabrot oder Bandnudeln empfohlen werden.

Gebratenes Hähnchen mit Zitrone und frischem Thymian
„Ein Gaumenschmaus"

Zutaten (für ca. 3 Personen):
1 Brathähnchen (ca. 1,5 kg)
3–4 frische Thymianzweige
4 EL Olivenöl
1 große unbehandelte Zitrone
Salz und Pfeffer aus der Mühle

Unter kaltem Wasser das Brathähnchen abwaschen, mit einem Tuch (oder Küchenrolle) abtrocknen und innen mit Salz und Pfeffer würzen. Die Zitrone heiß abwaschen und mit einer Gabel rund herum richtig einstechen, bis sie etwas zerlöchert ist. Dann kommt die Zitrone mit dem Thymian in die Bauchhöhle des Hähnchens. Danach die Hähnchenbeine über Kreuz legen und zusammen binden. Eine größere Auflaufform mit 1 EL Öl einpinseln und das Hähnchen in Seitenlage in die Form geben, in den vorgeheizten Ofen (220°C) schieben und dann mit Umluft jede Hähnchenseite ca. 20 Minuten braten lassen, zwischendurch immer wieder mit dem Bratenfett begießen. Zum Schluss das Hähnchen noch von beiden Seiten weiter braten. Mit einer Gabel in die Schenkel stechen, sobald kein rötlicher, sondern klarer Saft austritt, ist das Hähnchen gut, kann zerteilt und serviert werden. Lecker mit einem Beaujolais oder Roséwein.

Gewürze

„Geschmacklich süß und aromatisch, das macht mich überall sympathisch."
Gärtner Pötschke

Anis
„Anis, sein aromatischer Duft schmeichelt der Seele und verschafft uns Lust."

Die wohlriechende schmackhafte Anispflanze ist heutzutage in ganz Europa, sowie Nordafrika und Südamerika anzutreffen. Anis wächst kaum noch wild und wird vorwiegend angebaut. Die größten Anbaugebiete befinden sich in Spanien. Ursprünglich kommt die Gewürzpflanze aus dem östlichen Mittelmeerraum. Bekannt war die aromatische Gewürzpflanze seit der Antike. Anis wurde von den Menschen schon immer als besondere Heil- und Gewürzpflanze verwendet und geschätzt. Über Jahrtausende war Anis durch seine anregende Wirkung das meist verwendete Gewürz, weil seine Lust steigernden Eigenschaften durchaus bekannt waren. Stimulierende Wirkung hat das Gewürz bei Männern und Frauen, es imitiert das weibliche Hormon Östrogen. Im Herbst nach der Ernte bereiteten Mädchen und Frauen ihren Freunden und Männern anishaltige Getränke. Am 30.November (Andreastag) sollte er besonders zauberkräftig sein. In Böhmen hieß dieser Tag „Anischtag". So wurde aus dem Nützlichen eine Tugend gemacht und der würzige Anis fand und findet seinen Weg zur Steigerung des Lustempfindens in zahlreiche Getränke und Gerichte der Verführungsküche. 2014 wurde der Anis zur Heilpflanze des Jahres erkoren.

Geschmacklich erinnert Anis etwas an Lakritze und wird sehr gern in verschiedenen Spirituosen verwendet (z.B.Ouzo, Pastis, Raki, Anisette).

In allen Küchen, Konditoreien und Bäckereien dieser Welt ist der schmackhafte Anis aus vielen Speisen nicht mehr weg zu denken. Besonders zur Weihnachtszeit begleitet uns der würzige und angenehme Duft des Anises bei Streifzügen über die Weihnachtsmärkte. Durch seine antiseptischen, beruhigenden, verdauungsanregenden und krampflösenden Eigenschaften wird Anis gerne in der Volksheilkunde verwendet.

Achtung: Kinder vor dem 7. Lebensjahr sollten wegen der starken ätherischen Öle keine Anisprodukte essen, da diese Allergien auslösen können!

Anis

Anisplätzchen

*„Schmeckt nicht nur zur Weihnachtszeit,
sondern auch im Sommer."*

Zutaten:
250 g Zucker
250 g Mehl
1 Prise Salz
2 Eier
2 TL Anis-Samen
$^1/_2$ TL Backpulver
1 EL Wasser

Eier, Salz, Zucker und Wasser in eine Rührschüssel geben und mit dem Rührgerät ca. 10 Minuten schaumig schlagen. Zuvor den Anissamen in eine Pfanne geben und unter ständigem Rühren rösten lassen, bis er goldgelb ist. Den abgekühlten Anis mit dem Mehl und Backpulver separat vermischen und danach langsam unter den schaumigen Teig heben. Danach den Teig mit einem Tuch oder einer Folie abdecken und mindestens 3 Stunden kalt stellen. Anschließend ein Schneidebrett mit etwas Mehl bestreuen und den abgekühlten Teig zu fingergroßen Rollen formen. Diese dann auf ein mit Backpapier belegtes Blech legen. Die Rollen nur an einer Seite mit einem Messer mehrmals einschneiden und dann zu einem Bogen formen. Das Backblech bleibt über Nacht kühl stehen. Am nächsten Tag werden die Anisplätzchen im vorgeheizten Backofen (150°C) ca. 20 Minuten langsam gebacken. Als verführerisches und stimulierendes Gebäck verzehrt, vielleicht zu einem trockenen Wein oder zu einer Tasse aromatischen Tees oder Kaffees sind der guten Laune und den Fantasien keine Grenzen gesetzt.

Fenchel-Orangensalat mit Anisgewürz

„Einfach ideal für zwei Feinschmecker"

Zutaten:

Etwas zerstoßenen oder gemahlenen Anis
2 cl Anisschnaps (Raki, Ouzo, Sambuca)
4 Orangen
1 kleine Fenchelknolle
1 kleine Zwiebel
1 Prise Salz
1 Prise schwarzen Pfeffer (aus der Mühle)
3 EL weißer Balsamicoessig

Das Grün von der Fenchelknolle trennen und klein hacken, die Knolle putzen, halbieren und in sehr dünne Streifen schneiden. Ebenfalls die Zwiebel schälen und in dünne Ringe schneiden. Drei Orangen schälen, die weiße Haut mit entfernen, in Scheiben schneiden und auf einen dekorativen Teller oder auf eine flache Schale legen.

Eine Pfanne mit Öl erhitzen, Zwiebel und Fenchelstreifen darin glasig dünsten, herausnehmen und dekorativ über die Orangenscheiben legen.

Anisschnaps, Essig und den ausgepressten Saft einer Orange in den Sud der Pfanne geben. 5 Minuten langsam köcheln lassen, mit Salz, Pfeffer und Anis würzen. Das restliche Öl dazu gießen und noch einmal kurz auf kochen lassen. Den heißen Sud als Dressing über die Orangenscheiben mit den Fenchelstreifen und Zwiebeln gießen, mit dem frischen Fenchelgrün bestreuen und verzieren. Dazu schmeckt ein dunkles Körnerbaguette oder ein anderes dunkles Brot einfach lecker. Ein guter Rotwein passt dazu.

Kardamom
„Das königliche, mystische Gewürz des Orients"

Kardamom ist die Königin aller Gewürze. Es kommt ursprünglich aus Sri Lanka, dem früheren Ceylon, Malaysia und Südindien und gehört in die Sparte der Ingwergewächse. Einst teurer als Safran gehandelt, gehört es zu den ältesten Gewürzen unter den orientalischen Aromen. Im Orient wurde in den Palästen der Sultane und Kalifen schon immer Kardamom als sehr aromatisch, äußerst wohl duftendes Gewürz in Speisen und Getränken verwendet und auch als besonderes anregendes Aphrodisiakum geschätzt.

Kardamom sorgt für die Produktion von Glückshormonen, streichelt die Seele und schiebt die Tiefs beiseite. Wer schon einmal das Kamasutra oder die Geschichten von Tausend und einer Nacht gelesen hat, ist hier über „Cardamom" in zahlreichen erotischen Geschichten mit Speisen, Getränken oder Ölen fündig geworden. Auch soll Kardamom die Gedächtnisleistung steigern und wird als eine Art geheimes Gehirntonikum geschätzt.

Die Besonderheit des edlen mystisch klingenden Gewürzes Kardamom ist, dass in seinem Samen mit seinen ätherischen Ölen 120 verschiedene Wirkstoffe nachgewiesen sind. Dadurch kann Kardamom in den verschiedensten Varianten angewendet werden, und ist in der Lage ein wahres Feuerwerk über unsere Geschmacksnerven im Körper zu entfachen und so kulinarisch zu verführen.

Verwendet wird es besonders in der Weihnachtszeit zu allerlei leckeren Backwaren. Aber auch in Tee und Kaffee gilt Kardamom als köstlich. In den arabischen Ländern ist dies bis heute eine alte Tradition. In Spirituosen, im Glühwein oder passend in Gewürzmischungen für Fisch- und Fleischgerichte, Gemüse, Soßen, Pasteten, Kuchen und Desserts trägt Kardamom zu einem besonderen Geschmack bei. So wird mancher Liebes- oder Zaubertrank oder anregendes Gericht auf der erotischen Speisekarte mit diesem orientalischen faszinierendem Gewürz zubereitet, um die oder den Liebsten zu betören.

Süßer, feuriger Trunk mit Kakao und Kardamom

„Für lange und verheißungsvolle Nächte"

Zutaten (für 2 Tassen):
2 Msp. Nelken
2 Msp. Chilipulver
3 Msp. Zimt
4 Msp. Kardamom
8 TL Honig oder Zucker
Mark einer Vanilleschote
10 TL Kakaopulver
500 ml Wasser oder Milch

Alle Gewürze mit dem Kakaopulver mischen und in die entsprechende Menge Wasser geben. Fünf Minuten langsam kochen lassen, dann in ein entsprechendes Gefäß umfüllen, mit Honig und Zucker süßen und fertig ist ein Erotiktrunk für lange Nächte. Mit Milch wird das Getränk cremiger.

Übrigens zählt die Vanille auch zu den aphrodisierenden Gewächsen. Die Indianer Mexikos verehrten die aromatische Vanille als heilige Pflanze. In Verbindung mit anderen aphrodisierenden Gewürzen verstärkt sich der unverwechselbare intensive Duft und bringt unseren Körper unbewusst in Wallung und verschafft unendlich viel Lust auf die Lust.

Drink mit Sanddorn und Kardamom (heiß oder kalt)

„Am flackernden Kamin sitzen und genießen."

Zutaten (für 4 Personen):
1 l Orangensaft
100 ml Orangenlikör
40 ml Sanddornsaft
1 unbehandelte Orange
2 Msp. Kardamom
2 EL Vanillezucker

Von der Orange die Schale in einen Topf abreiben. Sanddorn-, Orangensaft, Orangenlikör, Kardamom und Vanillezucker mit in den Topf geben und die Ingredienzien 5 Minuten langsam köcheln lassen. Dann vom Herd nehmen, 10 Minuten ziehen lassen, noch einmal erhitzen und heiß in optisch schönen Gläsern servieren. Wer es lieber kühl mag, kann das anregende und würzige Getränk auch kalt genießen.

Wer ein Freund der Gewürze ist, kann auch etwas frisch geriebenen Ingwer dazu geben, was dem Drink zusätzlich eine besondere Note gibt.

In einen Topf das Rhabarberkompott, und wer es süßer mag, noch etwas braunen Zucker dazu geben, 2 Minuten aufkochen lassen, die sehr klein geschnittene Minze dazu geben und noch einmal 3 Minuten kochen lassen. Eventuell mit Zucker nachsüßen. Wem es zu flüssig ist, kann mit etwas Stärke zum Schluss nachhelfen (abbinden). In kaltem Wasser die Gelatine einweichen (siehe Verpackung). Das Mark der Vanilleschote, den Kardamomsamen, Zucker und Sahne in einen Topf geben, langsam erhitzen und 10 Minuten langsam vor sich hin köcheln lassen. Die Sahne abseihen und die Gelatine darin auflösen, anschließend die Panna cotta in ausgespülte und kalte Gläser gießen, kühl stellen und fest werden lassen. In die Gläser mit der fest gewordenen Panna cotta den abgekühlten Rhabarber füllen und servieren.

Mittelalterliche Küche (Ausschnitt)

Rezepte

Panna cotta mit Kardamom und Rhabarber
„Ein frühlingshafter Fitmacher"

Zutaten:
2 Bl. Gelatine
500 g Sahne
50 g Zucker
Mark einer Vanilleschote
10 Samen aus Kardamomkapseln
1 Glas Rhabarberkompott
2 Zweige Pfefferminze

Muskat

„Die kleine braune, berauschende Nuss, ist für jedes Kochrezept als kulinarischer Lustmacher das absolute Muss."

„Muskatnuss im Wein und du bist mein."

Volksmund

Jeder kennt den süßen, wohlriechenden Duft von leckerem Gebäck zur Weihnachtszeit. Diese Gerüche haben sich seit der Kindheit in unserer Erinnerung durch Pfefferkuchen festgesetzt und schaffen oftmals ein sehr angenehmes Wohlbehagen. Das sicher nicht ganz ohne Grund, denn die meisten Gewürzpflanzen sind auch Heil- und Stimulanspflanzen. Sehr vertraut sind uns dabei die Gerüche und der Geschmack von Muskat, Zimt, Ingwer und Nelken. In der kalten Jahreszeit gibt es keinen Glühwein ohne die bekannten Gewürze; sonst schmeckt er einfach nicht. Ebenfalls sind in fast allen Kräuterlikören die anregenden und aromatischen Gewürze enthalten.

Einst waren die Gewürze nur für zahlungskräftige Kunden erschwinglich, denn Gewürze wurden wie Gold aufgewogen, wenn sie über die Weltmeere nach Europa gelangten. Im 14. Jahrhundert kosteten 500 g Muskatnuss genauso viel wie eine Kuh. Seit dem 16. Jahrhundert wurde die kleine braune Muskatnuss auch in Europa zu einem Begriff und ein „Muss" für die Küche.

Schon Hildegard von Bingen war die besondere Wirkung der Muskatnuss bekannt. Sie beschreibt das Gewürz Muskat als Zutat für ihre Kekse, die eine „nervenberuhigende Wirkung haben und die Bitterkeit des Herzens vertreiben, die Sinne reinigen und ein fröhliches Herz" machen.

Seitdem verfeinert Muskat Suppen, Wurst, Saucen, Fisch oder Gebäck. Längst ist die orientalische Nuss fester Bestandteil in der Nahrungsindustrie und hat neben ihrem gesundheitlichen Potential ebenso einen starken aphrodisierenden Nebeneffekt. Aber wie mit Vielem hat auch die Muskatnuss zwei Seiten, eine gesundheitsbringende, stimulierende, aphrodisierende und eine giftige Seite.

Achtung: Beim Verzehr von **zwei Muskatnüssen** können diese **tödlich** wirken! Deshalb muss bei manchen Pflanzen und Gewürzen die Dosis beachtet werden. Bei Muskat nie mehr als **3–4 g** (gemahlen oder gerieben) verwenden!!!

Als Medizin wirkt Muskat entkrampfend, hilft bei Blähungen, fördert die Verdauung, stärkt den Magen, erhöht niedrigen Blutdruck und schärft unser Gedächtnis. Die enthaltenden ätherischen Öle haben eine berauschende und stimulierende Wirkung.

Auf den menschlichen Körper wirkt Muskat besonders stimulierend und sehr erregend als natürliches Aphrodisiakum und schafft ein wohltuendes, angenehmes und belebendes Allgemeinbefinden. Deshalb wird seit Jahrtausenden bis in die heutige Zeit so mancher Liebestrank neben anderen aphrodisierenden Gewürzen mit etwas Muskat angereichert. In der Liebes- und Lustküche steht die kleine Nuss ganz groß an vierter Stelle und zählt zu den zehn wichtigsten aphrodisierenden Gewürzen.

Kabeljau mit Muskatbuttersauce

„Für den erlesenen Geschmack"

Zutaten (für 4 Personen):
1 kg Lauch (Porree)
750 g Kabeljau (nach Möglichkeit Schwanzstück oder Filet)
1 Zitrone
100 g Butter
Pfeffer, Salz

Eine feuerfeste Form mit Butter einstreichen und den in Streifen geschnittenen Lauch hinein legen. Den kalt abgewaschenen Fisch von beiden Seiten mit Zitronensaft beträufeln, mit Pfeffer und Salz würzen und in die Form auf den Lauch legen. Den Kabeljau mit Butterflocken bestreuen und dann im 180°C vorgeheizten Ofen zugedeckt ca. 40 Minuten garen lassen.

Bild li: *Der Jungbrunnen, Ausschnitt aus dem Teppich von 1430*

Muskatsauce

Zutaten:
2 EL Weinessig
100 g Butter
1 Zwiebel fein gehackt
1 TL geriebene Muskatnuss
1 Prise Pfeffer
1 Prise Salz

Weinessig und Zwiebeln in einen Topf geben und köcheln lassen bis die Flüssigkeit fast verdampft ist. Den Sud durch ein Sieb in eine vorgewärmte Schüssel drücken und dann Flöckchenweise die Butter beigeben und dabei mit dem Schneebesen kräftig schlagen. Mit etwas weißem Pfeffer und Salz würzen und zum Schluss die geriebene Muskatnuss unterrühren. Den schmackhaften Kabeljau mit der aromatischen Muskatsauce servieren und mit etwas frischer Petersilie garnieren. Dazu schmecken Kartoffeln oder Reis. Ein trockener Muskatwein oder ein leichter Grauburgunder runden das Gericht ab.

Pfefferernte an der Malabaküste, Miniatur

Muskat-Wohlfühlkekse

nach Hildegard von Bingen (1098–1179)

Zutaten:

630 g dunkles Dinkelmehl
250 g geriebene süße Mandeln
400 g Zucker
630 g Butter
6 Eigelbe
4 Eier
1 Prise Salz

Gewürzmischung zubereiten mit:

50 g Muskatpulver
45 g Zimtpulver
5 g Nelkenpulver

Alle Zutaten in eine Schüssel geben und zu einem festen Mürbeteig verkneten. Anschließend zu einer Rolle formen und über Nacht im Kühlschrank ruhen lassen. Am nächsten Tag den Teig entnehmen, in schmale Scheiben schneiden und auf einem gut eingefetteten Kuchenblech bei 180°C ca. 20–25 Minuten backen lassen.

Pfeffer

„Pfeffer entfacht das Feuer und ist der Geist von einem kulinarischen Verführungsabenteuer."

Über Pfeffer wurde unzählig viel geschrieben und seit Jahrtausenden der eine oder andere Machtkampf ums Pfeffermonopol ausgetragen. Schon bei den Römern lag Pfeffer hoch im Kurs. Sie setzten ihn vorwiegend wegen seiner aphrodisierenden Wirkung ein, um das Liebesleben anzuregen.

Der alte Spruch *„Das bringt Pfeffer in die Liebesnacht"* hat bis heute seine Berechtigung.

Pfeffer war eine der wichtigsten Handelswaren bei Gewürzen seit der Antike. Er war so wichtig, dass er gegen Gold aufgewogen wurde. Durch den Handel mit Pfeffer und anderen Gewürzen sind viele Handelsleute, wie z.B. die Hamburger oder Lübecker alten Patrizier reich geworden. Sie wurden deshalb auch als „Pfeffersäcke" bezeichnet.

Wer hat den Satz noch nicht gehört: *„Geh doch dahin, wo der Pfeffer wächst."*
Das wünschte und wünscht man den Menschen, mit denen man nicht mehr allzu viel in seinem Leben zu tun haben möchte. Das war damals dort, wo eben der Pfeffer wuchs und für so manchen das Ende der Welt.

Der Pfeffer, egal welcher Farbe, ist eine Kletterpflanze, die bis zu 4 m Höhe erreichen kann. Er kann im Jahr zwei Mal geerntet werden.

Seine Haltbarkeit beträgt ca. 30 Jahre und kann dadurch gut gelagert werden. Indien, Indonesien, Malaysia, Vietnam, Brasilien, Thailand und China
sind auf den Weltmärkten die führenden Pfefferländer und beliefern den
Weltmarkt jährlich mit bis zu 200.000 Tonnen Pfeffer.

Vom griechischen Arzt Hippokrates wurde Pfeffer mit seinen unterschied-
lichsten Inhaltsstoffen als ausgezeichnetes Arzneimittel betrachtet. Zu den
Inhaltsstoffen zählen ätherische Öle, Limonen, Sabinen, Piperin, Pinen,
Phellandren, Eiweiße, Fette, Terpinene, Kohlehydrate und Flavonoide.
Pfeffer regt durch seine geschmackliche Schärfe im Körper den Stoffwech-
sel an, erzeugt eine bessere Verdauung und sorgt für einen guten Appetit.
Besonders der schwarze Pfeffer soll „die Körpersäfte" in Gang setzen.
An vorderster Stelle aber wurde und wird auch heute der Pfeffer in der
Ayurvedischen Küche verwendet. „Pippali" – so nennen die Inder ihren
Pfeffer.

Pfeffer besitzt eine erwärmende Eigenschaft und hat mit seinem Element
Feuer in der indischen Heilslehre Ayurveda (Wissenschaft vom Leben)
eine bedeutende Rolle.

Die kleinen scharfen Körner gibt es als schwarzen, grünen, weißen, rosa
und roten Pfeffer je nach Farbe abgepackt, einzeln oder alle Pfefferarten
zusammen als farbenfrohe bunte Gewürzvielfalt im Handel zu kaufen.
Trotz alledem hat jede Pfefferart ihre eigene Spezifik und wird schon bei
der Ernte unterschiedlich behandelt.

Heute hat Pfeffer seinen festen Platz in jeder Küche gefunden. Er ist der Tausendsassa unter den zahlreichen Gewürzen. Keine Salate, Dips, Suppen, kein Gemüse, Lamm, Wild, Geflügel, Fisch und alle Grillspezialitäten sind ohne Pfeffer vorstellbar. Nicht nur gesund, sondern auch ein Blickfang zugleich, ist speziell der bunte Pfeffer. Er findet oftmals bei den schönen Kreationen der Speisen, zu vielen Festlichkeiten oder Buffets Verwendung, denn schließlich isst das Auge mit.

Pfefferkränzchen

*„Das delikate
Knabbergebäck"*

Zutaten:
500 g Mehl
150 bis 200 g Gänsefett
2 Eier
1 Schnapsgläschen Rum
1 Schnapsgläschen Weißwein
1 Prise Salz
1 TL fein gemahlener Pfeffer

Mehl und Gänsefett oder anderes Fett nach eigenem Geschmack in einer Schüssel vermischen. Anschließend die Eier, den Rum und den Wein dazu geben. Alles kneten bis ein fester brotartiger Teig entsteht. Falls der Teig zu derb ist, noch etwas Wein dazu gießen, eine Prise Salz und einen Teelöffel fein gemahlenen Pfeffer darüber streuen und mit dem Teig verkneten. Den Teig 1 $\frac{1}{2}$ Stunden ruhen lassen, danach in drei gleiche Stücke teilen und als Zopf zusammen flechten und in Form eines Kranzes auf das Kuchenblech geben. Mit etwas Gänsefett bestreichen und goldgelb backen lassen. Die würzigen Stücke passen gut zu einem gehaltvollen Glas Rot- oder Weißwein. Natürlich geht auch ein guter schwarzer Tee oder ein leckerer Cappuccino.

Die Zwiebel klein schneiden und in Butter goldgelb dünsten, den Zitronensaft hinein träufeln und auf schwacher Hitze ca. 5 Minuten köcheln lassen. Dann mit Wasser aufgießen, Lorbeer, Gewürznelken, Petersilie dazu geben und ein Weilchen leicht kochen lassen, anschließend durch ein Sieb abseihen.

Parallel dazu eine Buttermehlschwitze zubereiten und die Gewürzsoße unter ständigem Rühren langsam in die Mehlschwitze gießen, um die Soße anzudicken. Wer mag, könnte noch eine Prise gemahlenen Pfeffer oder ein paar bunte Pfefferkörner dazu geben. Dann kann die feurige Pfeffersauce zu speziellen Fleischgerichten wie Geflügel und Steaks, aber auch Fisch serviert werden.

Pfeffersauce

„Sorgt für Feuer"

Zutaten:

$1/_2$ Zwiebel
etwas Butter
0,1 l Zitronensaft
1 Lorbeerblatt
1–2 Gewürznelken
20 Pfefferkörner
etwas Petersilie
0,5 l Wasser
1 Prise gemahlenen Pfeffer
oder bunte Pfefferkörner

Bild unten:
Ausschnitt aus „Buch der Wunder"

Zimt

„Ein exklusives, anregendes Gewürz aus ‚Tausend und einer Nacht‘.“

Zimt gehört zu den ältesten Gewürzen der Welt. Seit 4.000 Jahren hat Zimt als Heilmittel oder exklusives Gewürz für Speisen und Getränke seinen festen Platz in den unterschiedlichsten Kulturen.

Zimt wird aus der Rinde (Zimtstangen) von den Zimtbäumen gewonnen und je dünner die Stangen umso feiner der Zimt. Dabei gibt es drei verschiedene Arten: Ceylon-, Kassia- und Padang-Zimt, die alle unter den Sammelbegriff Zimt verkauft werden. Wobei Ceylon-Zimt (Sri Lanka) der Beste ist, denn er hat ein sehr starkes Aroma und einen intensiven süßlichen Geruch. Bei dem Duft von Zimt ist Erregung und Stimulans garantiert. Zimt ist nicht nur ein sehr wertvolles Heilmittel, welches im alten Indien auch bei Potenzschwäche verabreicht wurde oder ebenso den Blutzucker senken kann. Das angenehme Gewürz schafft im ganzen Körper ein warmes Wohlbefinden und macht gute Gefühle, was besonders in der kalten Jahreszeit von Vorteil ist. Deshalb ist in zahlreichen Weihnachtsgebäcken und heißen Getränken, in Punsch, im Glühwein, im Rumtopf oder in den Bratäpfeln, in Desserts, Saucen, Obstsuppen, Wildragouts, Lamm- oder Geflügelgerichten, in Quarkspeisen, Aufläufen und Obstsalaten Zimt neben anderen Gewürzen ein wichtiger Hauptbestandteil.

Das verheißungsvolle Gewürz ist in vielen Liebesgetränken und Speisen ein Muss, um SIE oder IHN mit den schmalen braunen Stangen oder als Pulver kulinarisch zu verzaubern, damit sich alle stimulierenden Gefühle in der Seele und im Körper ausbreiten können.

Liebestrunk mit Zimt und Branntwein „zur Nacht"

„Ein Trunk, der die Sinne anregt"

Zutaten:

1 l guten Branntwein
4 TL geriebene Zitronenschale
1 EL Zimt
1 EL Thymian
$\frac{1}{2}$ Muskat
1 TL Koriander
Mark von einer Vanilleschote
1 kg Rohrzucker
$\frac{1}{2}$ l Wasser

Alle Gewürze in den Branntwein geben, 2 bis 3 Wochen ziehen lassen und jeden Tag die verschlossene Flasche etwas schütteln, damit sich die Aromen entfalten. Anschließend den Zucker mit dem Wasser solange kochen, bis sich die Flüssigkeit zu Sirup verdickt hat, dann etwas abkühlen lassen und den Gewürz-Branntwein dazu gießen, alles gut verrühren, in ein ausreichend großes Glasgefäß abfüllen und verschließen.

Für romantische Nächte bei Kerzenschein und leiser Musik ein Likörgläschen zur Nacht von diesem Liebestrunk probieren, damit es die schönste Nacht seit langem wird. Der hohe Alkoholanteil enthemmt und entspannt die Muskulatur. Der Zimt sorgt für eine gute Durchblutung und macht richtig angenehme Gefühle. Der Muskat wirkt berauschend und stimulierend. Die Zitrone und die Vanille verführen mit ihren erotischen Düften und schaffen Glückshormone. Dagegen sorgt der Thymian für die nötige Lockerheit, entspannt den Körper und der Koriander unterstützt mit seinen Phytoöstrogen das Verlangen nach einer erotischen Liebesnacht.

Peach Cobbler mit Pfirsich und Zimt

„Das beliebteste Dessertrezept in Texas"

Zutaten (für 2 Personen):
80 g Butter oder Margarine
50 g Zucker
120 g Mehl
1 TL Vanillezucker
1 Msp. Backpulver
1 Ei
1 TL Zimt
1 EL Puderzucker
1 große Dose Pfirsiche
1 TL Stärke

Jeder macht es etwas anders und kleine Nuancen sind immer erlaubt, auch beim traditionellen texanischen Peach Cobbler, der ein Kompromiss aus Kuchen und Auflauf ist.

Das Mehl in eine Schüssel sieben. Backpulver, Zucker, Zimt, Vanillezucker und das Ei hinzu geben. Die Butter in kleinen Stücken über das Mehl verstreuen. Den weichen Teig kneten und zu kleinen Zimtstreuseln verarbeiten. Eine Auflaufform einfetten, die abgetropften Pfirsiche hintereinander legen, damit es optisch schön aussieht.

In den Pfirsichsaft (Menge 1 Tasse) 1 TL Stärke einrühren, aufkochen lassen und über die Pfirsiche in die Auflaufform gießen.

Die Zimtstreusel auf den Pfirsichen verteilen und die Auflaufform in den vorgewärmten Backofen bei 180°C (Umluft) schieben und 20 bis 30 Minuten backen lassen. Auf dem Teller vor dem Servieren den Peach Cobbler noch mit Puderzucker bestreuen oder auch mit einer Kugel Vanilleeis oder Schlagsahne reichen.

Zwetschgen in Rotwein mit Zimt

„Ein köstliches Dessert, im Spätsommer mit frischen Zwetschgen"

Zutaten:
700 g Zwetschgen/Pflaumen
6 EL Orangensaft
1 Stange Zimt
TL Kardamom
150 ml Rot- oder
Portwein
2 EL Honig

Wein, Orangensaft, Zimt, Kardamom und Honig in einen Topf geben. Die halbierten und entkernten Zwetschgen dazu, alles 10 Minuten einköcheln lassen und heiß in Twist-off-Gläser abfüllen oder abkühlen lassen, dann als Dessert mit Schlagsahne oder Eis auf dekorativen Tellern servieren.

Literatur- und Quellenverzeichnis

ECKERT, GERHARDT und ANNELIESE, Schätze der Natur, Bassermann Verlag 2002
ENDERLEIN, HANNA, Kochbuch für Feinschmecker, Verlag für die Frau, Leipzig 1982
GREINER, KARIN und WEBER, ANGELIKA, Magie und Heilkraft, Mosaik Verlag, München 1999
Heilpflanzen, Bassermann Verlag 2002
Kräuter und Gewürze der Welt, Orbis Verlag, Gothenburg 1991
LAMBERT ORTIZ, ELISABETH, Kräuter, Gewürze & Essenzen, Verlag Dorling Lindersley, 1992
Naturrezepte aus der Hausapotheke, Gondrom Verlag 1996
Von Anis bis Zimt, Verlag für die Frau, Leipzig 1982

Bildquellennachweis

S.2: Basilikum, Buchmalerei aus dem 14. Jh., Aus: Heilpflanzen, S. 31
S. 9 Liebesgöttin Aphrodite, Aus: Wikipedia Antike
S. 29: Salma-Ernte, Aus: Magie und Heilkraft, S. 2
S. 54: Kräuterernte, Aus: Magie und Heilkraft, S. 8
S. 68 Garten der Gesundheit, Aus: Naturrezepte aus der Hausapotheke, S. 34
S. 78 Petersilie, Aus: Magie und Heilkraft, S. 58
S. 90 Weinprobe, Aus: Wikipedia
S. 107 Mittelalterküche, Wikipedia
S. 110 Der Jungbrunnen, Aus: Heilpflanzen, S. 60
S. 112 Pfefferernte an der Malabuküste, Aus: Kräuter und Gewürze, S. 105
S. 117 Pfefferernte, 14. Jh., Wikipedia: Commons Kräuterbuch Sammlung von Bildern

Zeichnungen Paradiesbaum und Narcissus, Aus: Garten der Gesundheit,
Symbolische und dekorative Pflanzenbilder aus dem „Ortus sanitatis", Mainz 1491

Zur Autorin

Elvira Grudzielski

Elvira Grudzielski, geb. Liebmann, wurde 1950 in Rudolstadt/Thüringen geboren.

Der Umgang mit der Natur und ihren Pflanzenschätzen gehörte von Kindesbeinen an zu ihrem Alltag.

Bis ins 17. Jahrhundert hinein gab es in ihrer Familie der „Liebmänner" Apotheker, Laboranten und Medizinmänner (Olitätenhändler). Ihr Urgroßvater vertrieb noch um 1930 die begehrten Thüringer Heilmittel bis nach Österreich. Das überlieferte Familienwissen gibt die gelernte Buchhändlerin heute in zahlreichen Vorträgen in Kliniken, Schulen und in Workshops zum Thema Kräuter und Olitätenwissen (www.kraeuterland.com) weiter.

Im Demmler Verlag sind von ihr bereits erschienen: „Gesundheit von der Wiese", „Kräuterschätze für Küche & Hausapotheke", Ribnitz-Damgarten 2012 und „Die heilende Kraft der Bäume. Anwendung, Wirkung und Mythos", Ribnitz-Damgarten 2013.